Katia D'Angelo • Diana Pedol

Parla con me

2

corso di lingua e cultura italiana per ragazzi

guida per l'insegnante

PLIDA

ALMA

◉ direzione editoriale: **Ciro Massimo Naddeo**

◉ redazione: **Carlo Guastalla, Euridice Orlandino, Chiara Sandri**

◉ progetto grafico: **Andrea Caponecchia** e **Laura Rozzoni**

◉ impaginazione: **Andrea Caponecchia**

◉ progetto copertina: **Lucia Cesarone**

◉ illustrazioni: **Manuela Nerolini**

◉ stampa: **STIAV - Firenze**

© **2012 ALMA Edizioni**
Printed in Italy
ISBN 978-88-6182-245-0
Prima edizione: dicembre 2012

Alma Edizioni
Viale dei Cadorna, 44
50129 Firenze
tel +39 055 476644
fax +39 055 473531

alma@almaedizioni.it
www.almaedizioni.it

SOCIETÀ DANTE ALIGHIERI

Indice

Cos'è *Parla con me?*

Parla con me è un corso di lingua e cultura italiana rivolto a studenti stranieri adolescenti che apprendono l'italiano come lingua straniera o lingua seconda.

L'opera è da considerarsi in perfetta armonia con la visione didattica che da sempre caratterizza ALMA Edizioni. È infatti il risultato di anni di produzione editoriale, sperimentazione e ricerca e, in questo senso, non solo raccoglie le indicazioni del *Quadro Comune Europeo di Riferimento per le Lingue*, ma arricchisce il percorso didattico di innovative caratteristiche proprie.

Parla con me si caratterizza per un forte taglio culturale, ponendo l'accento sulle modalità espressive, relazionali, sociali dell'essere italiani nonché sulle tendenze, le idee, gli stili di vita emergenti, con particolare attenzione al mondo degli adolescenti, al di là di stereotipi, banalizzazioni e semplificazioni. A questo scopo sono state individuate quattro grandi aree tematiche - Internet, Arti, Contatti, Tendenze -, nelle quali la maggior parte degli adolescenti si muove quotidianamente e che fanno da sfondo ai percorsi di studio in cui è organizzato il libro.

Il libro di classe è diviso in 10 unità (oltre a quella introduttiva), ognuna delle quali segue un filo che va dalla focalizzazione globale sulla lingua, all'analisi, alla sistematizzazione e produzione autonoma, cercando sempre di offrire input caratterizzati da una forte testualità, una connotazione culturale e generazionale, oltre che da aspetti morfosintattici peculiari.

Le unità offrono percorsi di scoperta della lingua basati su un approccio globale e mirati all'esercizio di tutte le abilità in contesti comunicativi utili, efficaci e vicini alle esigenze dei destinatari. Oltre agli aspetti morfosintattici, la lingua è studiata anche dal punto di vista pragmatico, conversazionale, lessicale e socioculturale.

Lo studente è al centro del percorso, protagonista attivo in tutte le modalità di lavoro proposte grazie a stimoli sempre nuovi che favoriscono l'apprendimento senza trascurare il coinvolgimento affettivo, gli stili cognitivi e i differenti codici comunicativi. Ampio spazio è dato alla cooperazione e allo scambio tra pari grazie alle numerose modalità ludiche e alla realizzazione di progetti finali di gruppo.

Parla con me è particolarmente indicato per chi apprende l'italiano per motivazione culturale o necessità di studio e ha bisogno di contenuti pratico-comunicativi. I tre volumi del corso coprono i primi tre livelli del *Quadro Comune Europeo*:

- *Parla con me 1* (A1)   - *Parla con me 2* (A2)   - *Parla con me 3* (B1)

Parla con me 2

Parla con me 2 si rivolge a studenti adolescenti post-principianti che desiderano sviluppare una competenza di livello A2, secondo le indicazioni del *Quadro Comune Europeo di Riferimento*. È composto da:

un libro di classe	un CD audio	una guida per l'insegnante
- un'unità introduttiva - 10 unità - schede culturali sull'Italia - storia a fumetti - eserciziario integrato - sezione di fonetica - test di autovalutazione - bilanci di competenza	- brani audio per le attività di classe - una canzone - brani audio per gli esercizi di fonetica - brani audio per i test di autovalutazione	- indicazioni metodologiche - istruzioni per svolgere le lezioni - proposte di attività alternative - informazioni culturali supplementari - soluzioni delle attività di classe - trascrizioni dei brani audio delle unità - soluzioni dell'eserciziario, della fonetica, dei test e dei bilanci

Parla con me 2 offre materiale didattico per circa 70-90 ore di lezione, a cui vanno aggiunti gli esercizi per il lavoro a casa e le attività da svolgere tramite internet sia all'interno delle unità che nelle schede culturali. La struttura è flessibile e modellabile in base alle diverse esigenze della classe.

Il libro di classe

〉 Le unità didattiche

Ogni unità didattica si inserisce all'interno di un'area tematica, che fa da sfondo culturale pur non intendendo esaurire il tema proposto e lasciando aperti eventuali, ulteriori percorsi di approfondimento. Tutte le unità ruotano intorno al tema culturale scelto e offrono un percorso di apprendimento il cui obiettivo è sviluppare nello studente le diverse competenze in modo adeguato ai bisogni comunicativi reali. Gli input testuali forniscono spunti per la riflessione su stili di vita e tendenze tipiche del mondo degli adolescenti italiani.

Ogni lezione si apre con una pagina introduttiva che racchiude uno specchietto chiaro e sintetico *(Cosa imparo)* degli elementi lessicali, comunicativi e morfosintattici presentati successivamente. La prima attività costituisce un primo stimolo per motivare al percorso proposto e attivare le preconoscenze dei destinatari, introduce al tema dell'unità e pone lo studente in immediato contatto con la lingua italiana, fornendo le basi per la comunicazione in classe.

Lungo il percorso, oltre alle quattro abilità di base (ascoltare, leggere, scrivere e parlare), largo spazio è dato allo sviluppo dell'interazione. Sono presenti:

 ascolti (sempre relativi a contesti reali e all'esperienza diretta dei ragazzi), accompagnati da attività di comprensione e analisi originali e stimolanti (particolare enfasi è data all'analisi conversazionale e pragmatica);

 letture appartenenti a vari generi testuali, precedute da percorsi di comprensione globale che stimolano la formulazione di ipotesi sul contenuto, e seguite da attività di analisi lessicale e/o grammaticale;

 attività di comprensione analitica e di analisi lessicale, pragmatica e morfosintattica che incoraggiano la ricerca autonoma dei significati e delle regole generali attraverso procedimenti induttivi a partire dall'esperienza linguistica vissuta;

 attività di produzione scritta mirate all'inserimento attivo e consapevole dello studente all'interno del contesto di studio (sia in Italia che all'estero);

 attività ludiche che mirano a rilanciare la motivazione, potenziare il lavoro di coppia/gruppo e riutilizzare quanto appreso attraverso il gioco;

 spunti per la produzione orale che permettono allo studente di esprimersi sin da subito in italiano, in un'ampia varietà di contesti socioculturali;

 numerosi esercizi di fissaggio e reimpiego;

 attività di ripasso *(Ti ricordi?)* finalizzate al reimpiego del lessico e della grammatica presentati nell'unità precedente;

 attività di *project work* che tendono a sviluppare negli studenti competenze ("saper fare") trasversali, spingendoli anche a mettere in pratica quelle già acquisite. Ogni progetto mette al centro la costruzione di un ambiente cooperativo e offre percorsi originali che danno spazio alla creatività personale dei destinatari.

L'impostazione visiva, caratterizzata da una suddivisione cromatica delle unità, dalla presenza di pratici specchietti di riferimento grammaticale (Come funziona?) e/o lessicale (Parole, parole, parole) e dall'equilibrio tra elementi grafici e testuali, rende la pagina vivace e agile e consente un utilizzo facile e intuitivo sia allo studente che all'insegnante.

❯ Le schede culturali

Alla fine di ogni unità è presente una scheda culturale di approfondimento, i cui testi costituiscono dei punti di partenza per un ulteriore lavoro di ricerca autonomo o di classe, in parte o del tutto legato al tema sviluppato nell'unità appena conclusa. Le attività proposte mirano a far scoprire elementi particolarmente rilevanti della cultura italiana e ad avviare un confronto tra questi ultimi e la dimensione culturale degli studenti.

❯ La storia a fumetti

Subito dopo la scheda culturale figura un episodio della storia a fumetti *Una seconda possibilità*, la cui progressione grammaticale e lessicale segue quella proposta nell'unità appena conclusa. Il fumetto propone un intreccio equilibrato tra testo (mai preponderante) e immagine. In tal modo si rassicurano gli studenti, dando loro la possibilità di cimentarsi con la specificità di questo genere testuale, e si fa sì che sia l'immagine stessa a fungere da principale supporto alla comprensione. Il fumetto inoltre coinvolge lo studente e lo porta a contatto con la realtà della lingua viva, fuori dai canoni consueti dell'apprendimento.

La storia ha come protagonisti Claudio e Sara, due giovani torinesi che scopriranno il segreto custodito in un'antica libreria della città.

❯ Le appendici

Da pagina 142 a pagina 144 del libro di classe figurano pagine di appendice utili per lo svolgimento di alcune attività di coppia o gruppo proposte nelle unità.

❯ L'eserciziario

L'eserciziario inizia a pagina 145 del manuale e comprende 10 unità (corrispondenti alle unità 1-10 del libro di classe) per il consolidamento e la sistematizzazione degli elementi morfosintattici, lessicali e comunicativi già affrontati.

Ogni capitolo presenta numerosi esercizi incentrati sul tema proposto nella relativa unità e variati per tipologia (completamento, combinazione, abbinamento, riscrittura, cruciverba, ecc.). La sezione, le cui soluzioni si trovano nella guida per l'insegnante di **Parla con me 2**, può essere utilizzata per lo studio autonomo a casa.

❯ La fonetica

Ogni due unità di esercizi compare una pagina di fonetica con attività di ascolto e produzione per esercitare la pronuncia e conoscere il giusto rapporto tra grafia e pronuncia. Le attività proposte nelle cinque pagine si basano su ascolti di singole parole, frasi, o estratti di conversazioni già ascoltate nelle unità, o comunque legate ai contenuti e contesti in esse affrontati. Anche in questa sezione viene privilegiata una riflessione che segue l'osservazione del contesto e mira a sviluppare l'autonomia dello studente: dopo aver svolto le attività proposte, lo studente è invitato a elaborare la regola generale. Le soluzioni della fonetica si trovano nella guida per l'insegnante.

❯ I test e i bilanci

I (cinque) test e i (cinque) bilanci si trovano ogni due unità di esercizi.

Nel test lo studente lavora su elementi morfosintattici e lessicali già affrontati nelle unità e può, calcolando il proprio punteggio, valutare in prima persona le competenze grammaticali, lessicali e comunicative acquisite. Le soluzioni dei test si trovano nella guida per l'insegnante.

Dopo ogni test figura una pagina di bilancio, in cui lo studente può riflettere in modo esplicito e autonomo sulle competenze sviluppate fino a un dato punto, le conoscenze acquisite e le proprie strategie di apprendimento: nello specifico, potrà esprimersi su ciò che si sente in grado di fare con l'italiano, quanto e cosa ritiene di aver imparato, come reagisce in una data situazione comunicativa, e cimentarsi con un compito concreto finalizzato alla produzione di un testo o alla realizzazione di un'esperienza (non solo linguistica).

❯ La grammatica

Alla fine del libro di classe (a pagina 215) si trova una grammatica riassuntiva che permette allo studente di disporre di un quadro d'insieme chiaro ed esauriente degli argomenti morfosintattici affrontati all'interno delle unità, con eventuali approfondimenti e numerosi esempi.

Il CD audio

Al manuale è allegato un CD audio contenente i brani per le attività di classe, compresa la canzone "Questa è la mia vita" presente nel percorso dell'unità 9, gli ascolti per gli esercizi di fonetica e le tracce audio dei test. Le attività di comprensione orale sono sempre segnalate dalla fascetta `cd2` che indica il numero della traccia da selezionare nel CD (la 2, nell'esempio).

Il metodo di *Parla con me*

Parla con me si rivolge a studenti adolescenti di italiano di livello post-principiante e presenta attività ed esercizi che mirano a sviluppare una competenza di livello A2, secondo le indicazioni del *Quadro Comune Europeo di Riferimento per le Lingue*.

Metodologicamente *Parla con me* si caratterizza per la particolare attenzione rivolta ai destinatari, di cui mira da un lato a mantenere costante la motivazione, dall'altro a coinvolgere attivamente stili cognitivi diversi. Gli input sono dunque vari e stimolanti, sempre vicini alla sfera sociale ed emotiva dello studente. Ad essi si abbinano compiti utili e attività creative da svolgere in situazioni autentiche, sempre in stretta relazione con le aree tematiche di volta in volta proposte. Le unità costituiscono dei percorsi attentamente suddivisi e graduati in tappe successive per difficoltà e per abilità trasversali richieste (di ricerca, di collegamento, di creazione, di sviluppo). Ognuna di esse presenta una sfida, un compito impegnativo ma sempre raggiungibile, che chiama in causa conoscenze individuali pregresse ed elementi noti che rassicurano lo studente e lo fanno sentire all'altezza del *task* richiesto.

Fondamentale è la dimensione testuale che permette un approccio alla lingua non limitato ai soli aspetti morfosintattici, ma lo estende a quelli pragmatici, conversazionali, lessicali e socioculturali.

Infine, in linea con quanto proposto dal *Quadro Comune Europeo*, il percorso didattico tracciato mira a far maturare progressivamente una consapevolezza e un'autonomia di apprendimento affinché lo studente sappia distinguere tra gli strumenti di cui servirsi per il proprio progresso e le modalità di accesso alla lingua e ai contenuti, riuscendo così a valutare consapevolmente i propri passi in avanti.

⊙ La centralità dello studente

In *Parla con me* lo studente è considerato protagonista attivo del processo di apprendimento. Ogni attività tende a coinvolgerlo in prima persona, assegnandogli il ruolo di ricercatore/esploratore e di costruttore attivo del proprio sapere. Tendenzialmente, non c'è niente che venga dato come già determinato: regole grammaticali, definizioni, sistematizzazioni, sono dei traguardi a cui lo studente arriva in modo attivo percorrendo degli itinerari didattici ricchi di stimoli e suggestioni che hanno lo scopo di aiutarlo a sviluppare la propria autonomia. Per questo il momento del confronto con l'insegnante è rimandato il più possibile, attraverso continui rilanci che servono a portare nuova linfa alle ipotesi degli studenti. Il ruolo dell'insegnante (oltre a quello di organizzatore della lezione, e quindi dell'apprendimento), consiste nel restare a disposizione alla fine di ogni itinerario, come ultima e più autorevole risorsa alla quale gli studenti possono attingere al termine di un percorso di conoscenza, quando sono diventati ricercatori ormai esperti.

Al fine di guidare gli studenti a elaborare delle ipotesi (non si parla solo di ipotesi grammaticali, ma anche su aspetti culturali o interculturali o ancora, per esempio, sul significato di un testo), tutte le attività sono state pensate per essere sufficientemente "sfidanti". Si è prestata però molta attenzione a dosarne la difficoltà rispetto al livello, cioè a non rendere la sfida troppo difficile, o troppo impegnativa rispetto alle possibilità dello studente, con sua conseguente frustrazione. Se infatti un compito troppo semplice non è sicuramente motivante, una richiesta troppo difficile può essere generatrice di frustrazione.

Infine, considerando la rilevanza dell'aspetto motivazionale nello studente adolescente, sono stati scelti testi in grado di suscitarne l'interesse poiché legati ad aspetti culturali che caratterizzano il mondo giovanile.

⊙ L'aspetto cooperativo

Una delle risorse a cui le attività del libro fanno esplicito ricorso è la collaborazione tra pari: gli studenti sono spesso chiamati a rimettere in discussione le proprie idee con uno o più compagni in modo da formare nuove e più articolate ipotesi, affinché i più sicuri possano aiutare chi sa meno e i più insicuri possano attingere dalla competenza dei compagni più "esperti". Questo principio, centrale in *Parla con me*, si basa sulla convinzione che esista una zona di sviluppo della conoscenza inaccessibile con lo studio autonomo e che, come teorizzato dallo studioso Lev S. Vygotskij, possa essere attivata attraverso il lavoro in collaborazione con i propri pari.

Questa metodologia permette di:
- condividere con un compagno quanto compreso e le difficoltà riscontrate, aspetto che riduce il tasso di stress individuale legato all'ansia da prestazione (ad esempio, in un'attività di lettura, l'ansia di dover capire tutto il testo o la frustrazione di fronte alla mancata comprensione di qualche passaggio);
- confortare e motivare ad andare avanti;
- sviluppare uno spirito di collaborazione, volto non tanto a misurare la bravura individuale, quanto a potenziare le proprie abilità.

Qui di seguito figurano alcuni accorgimenti pratici per potenziare il lavoro tra pari:
- quando gli studenti si confrontano con il libro chiuso è utile sistemarli, se possibile, in coppie e faccia a faccia, in modo da rendere più facile e "comodo" lo scambio verbale. Quando invece lavorano sul libro per risolvere quesiti, è opportuno che siedano uno accanto all'altro per poter leggere nella stessa direzione durante il confronto;
- durante il confronto tra pari l'insegnante dovrebbe rimanere in posizione defilata in modo da rendere chiaro che gli studenti possono scambiarsi qualsiasi idea riguardo alle teorie che stanno elaborando;
- un buon indicatore per decidere quanto prolungare il lavoro tra pari è il grado di interesse degli studenti: quando cominciano a mostrare stanchezza, conviene interrompere il confronto e passare alla fase successiva. È meglio, infatti, mantenere un ritmo piuttosto incalzante ed evitare tempi morti che possano abbassare il livello di attenzione nella classe. Pertanto, quando due coppie hanno chiaramente esaurito gli argomenti e smettono di parlare, è il caso di porre fine alla fase di consultazione;

in classi monolingui può essere utile, nelle prime lezioni, far svolgere questa fase in lingua madre, per poi passare progressivamente all'italiano.

La riduzione del *guessing* e delle soluzioni affrettate

Attinente con la centralità dello studente e con l'aspetto cooperativo è l'importanza delle istruzioni dell'insegnante come strumento per potenziare la volontà di raggiungere un risultato ottimale e scoraggiare il tentativo di concludere per primi le attività proposte. Soprattutto nel caso di giochi o attività in cui gli studenti devono elaborare una soluzione (ordinare dei paragrafi, indovinare quale immagine si associa a un testo, incastrare domande e risposte di un'intervista scritta o orale), è bene che l'insegnante stabilisca delle regole che scoraggino il "tirare a indovinare". Uno degli stratagemmi molto utili nell'ambito del gioco è quello di indicare un numero massimo di soluzioni proponibili. Finite le possibilità concesse, il gruppo/coppia non può più vincere, anche se trova la soluzione corretta. Nel caso di attività non ludiche, per evitare che gli studenti dichiarino immediatamente di aver finito, è bene specificare che la soluzione va condivisa dall'intero gruppo e che il confronto non consiste in una semplice comunicazione delle proprie ipotesi.

La testualità

Parla con me adotta un approccio fortemente testuale: ogni aspetto linguistico e culturale presentato e successivamente analizzato proviene dai materiali proposti. È sempre dai testi che ha origine la riflessione, è sempre ad essi che si riferisce ogni analisi. La metodologia adottata parte dal presupposto che ogni testo contiene numerosissimi elementi significativi (per esempio morfosintattici: un articolo, una preposizione, l'uso di un verbo, ecc.) che di fatto acquistano senso unicamente nel momento in cui vengono pronunciati e scritti.
I momenti di analisi - grammaticale, lessicale, stilistica o conversazionale - sono dei veri e propri percorsi di riflessione e ricerca che guidano lo studente alla scoperta delle regole che sottendono ai testi di riferimento e che senza questi ultimi sarebbero pura astrazione. In questa prospettiva non può che essere conseguente la scelta di proporre - per quanto possibile e sempre avendo presenti le possibilità di uno studente post-principiante - testi autentici e non creati ad hoc che mantengano tutte le caratteristiche di genuinità necessarie a restituire la ricchezza, l'organicità e la pregnanza della lingua reale.
La scelta della testualità implica inoltre l'assunzione di un procedimento che va dall'analisi del contesto alla formulazione della regola nel percorso di apprendimento. In *Parla con me* si parte sempre dal particolare (il testo specifico, dal quale viene estrapolato l'esempio di lingua da analizzare) per poi arrivare al generale (la regola, la sistematizzazione). Si tratta di un procedimento pratico, concreto, che prende avvio dall'esperienza diretta. Niente viene dato in modo astratto e "dall'alto", in ossequio al principio secondo il quale è solo dopo aver fatto l'esperienza che si può arrivare alla teoria e quindi alla regola. Questo modo di procedere contribuisce anche alla formazione dello studente come ricercatore autonomo, fornendogli una strategia di studio pratica ed efficace. Obiettivo del corso è quindi anche la costruzione del portfolio linguistico raccomandato dalle indicazioni del *Quadro Comune Europeo*.

L'approccio globale

Parla con me privilegia un approccio globale alla lingua. In questa visione, studiare la lingua significa non solo apprendere regole morfologiche e sintattiche, ma anche affrontare l'insieme degli aspetti che ogni volta entrano in gioco quando si tratta di comunicazione (aspetti pragmatici, conversazionali, lessicali, socioculturali, interculturali...).
Parla con me cerca di trattare lo studio della lingua considerando questa pluralità di elementi, e rendendo consapevole lo studente di quali implicazioni comporta l'inviare o il ricevere un messaggio in italiano.
Lungo i percorsi del manuale si dipanano quindi attività che mirano a sviluppare - attraverso analisi di tipo pragmatico, conversazionale, lessicale - la competenza di ricezione e d'uso di aspetti di solito trascurati nei corsi di lingua, quali il registro, l'intonazione, la presa di parola, le pause, i segnali discorsivi, la dimensione extralinguistica dell'interazione, l'appropriatezza lessicale, ecc. Tutto questo naturalmente sempre in modo commisurato al livello dello studente, ai contesti in cui un adolescente si esprime prioritariamente e alle esigenze espressive tipiche dell'età dei destinatari.

❯ L'apprendimento come gioco

Tutti i percorsi didattici di *Parla con me* sono pensati in modo da motivare lo studente attraverso la proposta di attività giocose, originali e creative. Il gioco - con particolare attenzione al coinvolgimento affettivo ed emotivo - permette di eliminare ansia e stress e di creare un ambiente piacevole e rilassato, realizzando le condizioni più favorevoli per un apprendimento efficace. Nel manuale ciò si traduce non solo nella ricca proposta di giochi veri e propri (a coppie, a squadre, di movimento, di strategia, di simulazione, di tipo verbale o non verbale, ecc.), ma nell'impostazione ludica generale che attraversa come un invisibile filo conduttore tutti i percorsi e che è rintracciabile anche là dove in apparenza non si richiede allo studente di giocare o di partecipare ad una gara a punti. In questa logica, il gioco è soprattutto una filosofia dell'apprendimento a cui riferirsi e una dimensione attiva e vitale in cui immergere lo studente per avviare quel processo virtuoso che dall'elemento ludico fa scaturire gratificazione e piacere e, conseguentemente, motivazione.

❯ La multisensorialità

In *Parla con me* un ruolo importante riveste anche la sfera multisensoriale. È stata posta grande cura nel disegnare percorsi che dosassero e alternassero le attività in modo da attivare ogni volta un canale e un tipo di attenzione diversa (uditiva, visuale, dinamico-spaziale, ecc.). Lo scopo è favorire i vari stili di apprendimento (gli studi ci dicono che ogni studente ne privilegia uno diverso) e tenere sempre desta l'attenzione attraverso la proposta di compiti vari, stimolanti e sfidanti. Nel manuale è quindi frequente il ricorso alla musica (oltre alla canzone "Questa è la mia vita", la musica figura spesso come elemento culturale che fa da sfondo alle unità, con rimandi e personaggi e a situazioni facilmente approfondibili dagli insegnanti tramite internet), alle immagini, al video, al movimento... Si è, con ciò, voluto proporre un apprendimento basato anche e soprattutto sul corpo, inteso come sistema integrato di funzioni in cui il piano cognitivo ed emotivo-affettivo non può che essere strettamente correlato a quello percettivo e sensoriale. L'adozione di un approccio realmente multisensoriale ha permesso di concepire un ambiente di apprendimento dinamico e vivace, in grado di offrire input stimolanti, compiti originali ma non pretestuosi, contesti credibili. L'intento è stato quello di non relegare mai lo studente a una condizione di passività e, contemporaneamente, di fargli sentire l'effettiva necessità di tutti i compiti proposti, sempre legati ai suoi bisogni comunicativi reali.

❯ Le attività didattiche e l'organizzazione dello spazio

Parla con me suggerisce una gestione della classe basata su una modifica dello spazio necessaria per ottenere risultati migliori. Spesso gli insegnanti vedono lo spostamento di banchi e sedie come una perdita di tempo faticosa e rumorosa. La variazione di assetto è al contrario uno strumento che garantisce maggiore concentrazione, efficace comunicazione e coinvolgimento totale della classe. Una gestione dello spazio sapiente permette di ridurre la distrazione e di creare un clima collaborativo sempre più sinergico.

Nel caso di banchi con sedia fissa (impossibili da spostare), il movimento può essere ridotto al corpo stesso degli studenti, che dovranno seguire alla lettera le consegne e posizionarsi esattamente di fronte o di lato, tenendo eventualmente il libro in mano. I giochi potranno essere svolti facendo mettere in piedi tutta la classe nello spazio tra la cattedra e i banchi poiché la durata programmata per questo tipo di attività (di solito non più di 30 minuti) non provoca eccessivo affaticamento negli studenti. I lavori di gruppo possono essere eseguiti intorno a due banchi disposti a "isole" o sempre in piedi (l'insegnante alternerà attività che possono essere eseguite dal posto ad altre in cui gli studenti devono alzarsi).

Nel caso invece di sedie singole con tavolino incorporato, la variazione della disposizione in base alle attività (frontale per parlare senza testo, di lato per confrontare quanto scritto, in piccoli cerchi per i lavori di gruppo, in semicerchio per i plenum) richiederà soltanto all'inizio un po' di tempo, ma successivamente gli studenti seguiranno l'istruzione dell'insegnante velocemente e senza interrompere il ritmo della lezione.

Le attività didattiche

⟩ Introduzione

Ogni unità inizia con un'attività introduttiva, il cui scopo è mettere in gioco le conoscenze degli studenti riguardo a un determinato argomento culturale che verrà poi affrontato nel dettaglio nell'unità e, allo stesso tempo, di incuriosire rispetto al contenuto del testo che seguirà. Quest'attività è in alcuni casi di tipo linguistico, in altri più marcatamente culturale, ma il più delle volte queste due tipologie si intersecano: la riflessione su temi culturali viene portata avanti attraverso attività di tipo (anche) linguistico.

⟩ Leggere

U0: 2 ● U1: 6 ● U2: 2 ● U3: 7, 13 ● U4: 2 ● U5: 2 ● U6: 4 ● U7: 2 ● U8: 2, 11 ● U9: 2 ● U10: 8

L'obiettivo principale di questo tipo di attività è lo sviluppo e la pratica dell'abilità di comprensione di testi scritti in una situazione il più autentica possibile. A tal fine *Parla con me* propone un'ampia varietà di tipologie testuali selezionate in base alle indicazioni del *Quadro Comune Europeo*. Sono presenti scritte e insegne visibili in luoghi pubblici, trame di film, parti di copioni, mail, moduli di iscrizione, annunci web, articoli di giornale, post, sms, descrizioni di siti, brevi brani letterari, biografie, barzellette, interviste, estratti di romanzi a fumetti e test. I testi presentati sono impegnativi e possono risultare difficili in alcuni casi: compito dell'insegnante è prima di tutto essere consapevole di questa difficoltà. La soluzione non consiste tuttavia nel semplificare i materiali, quanto nel proporre la modalità più adeguata ad affrontare la difficoltà stessa.

Procedimento

Il primo punto delle attività di lettura è generalmente un compito molto semplice che riguarda la ricerca di un'informazione generale, se non addirittura di contesto. In altri casi viene chiesto di elaborare un'idea soggettiva. L'insegnante deve invitare i propri studenti a svolgere la lettura in modo veloce, senza soffermarsi su ciò che non capiscono, spronandoli anzi ad andare oltre le parti non comprese e a utilizzare come "appiglio" quanto ritengono di aver colto. È bene fin da subito deresponsabilizzare gli studenti e non avere fretta: se le loro risposte in questa fase non sono corrette, non è così grave; cambieranno probabilmente idea nel prosieguo dell'attività, quando si sommeranno anche altri elementi. Questa fase è forse la più proficua al processo di acquisizione in quanto, se svolta come descritto, fa sì che lo studente perda la paura di confrontarsi con i testi sviluppando strategie di comprensione a partire da quello che riesce a capire. Anche per questo, mentre gli studenti leggono l'insegnante dovrebbe restare in posizione defilata senza intervenire.

Il percorso proposto è di letture successive intervallate da un confronto a coppie da proporre ogni volta che gli studenti elaborano una risposta o un'ipotesi. Man mano che l'attività procede, i compiti richiedono letture sempre più approfondite, il cui obiettivo è andare più a fondo nella comprensione e mantenere viva l'attenzione stimolando la curiosità.

La scaletta consigliata di seguito andrà di volta in volta integrata con le indicazioni contenute nelle consegne delle singole attività.

LETTURA 1 Gli studenti leggono il testo per X minuti in modo silenzioso e autonomo (eventualmente per svolgere un compito).

CONFRONTO a coppie 1 L'insegnante dispone gli studenti in coppie e li invita a parlare di quello che hanno letto (eventualmente per confrontare le loro ipotesi sul compito).

LETTURA 2 (X minuti).

CONFRONTO a coppie 2 Stesse coppie che nel confronto 1.

CONFRONTO a coppie 3 L'insegnante cambia le coppie e invita gli studenti a lavorare con il compagno sui quesiti o i compiti richiesti dall'attività.

LETTURA 3 (X minuti).

CONFRONTO a coppie 4 Stesse coppie che nel confronto 3.

Ecco una lista di accorgimenti per potenziare la fase di lettura.

- Vista la difficoltà dei testi, è bene avvertire gli studenti che non sarà possibile capire tutto, ogni parola, ogni sfumatura, soprattutto alla prima lettura. Nell'introdurre l'attività è quindi importante tranquillizzare gli studenti sugli obiettivi da prefissarsi e chiarire che non gli si chiede di capire tutte le parole, quanto piuttosto di farsi un'idea globale sul testo. È fondamentale dunque comunicare che non saranno valutati in base alla quantità di informazioni che ricaveranno dalla lettura. È importante inoltre che lo studente sappia che l'insegnante è consapevole di quanto il compito sia impegnativo. Nulla è più scoraggiante di un insegnante che informa lo studente che ci sono parole o concetti che avrebbe dovuto riconoscere.

- Per evitare che gli studenti si concentrino sulla comprensione di ogni singola parola o sulle forme grammaticali che incontrano, si consiglia di dare ogni volta un tempo limitato per leggere il testo, calcolato considerando il tempo necessario a un madrelingua, o poco più. È bene mantenersi fermi nel far osservare questi tempi limitati, invitando gli studenti a saltare tutte le parti che non capiscono e ad arrivare comunque alla fine del testo, in modo da costruire con maggiore efficacia una mappa di riferimenti utile alla consultazione tra pari e a una migliore comprensione. Questo nella convinzione che la comprensione sia un concetto soggettivo e dinamico, non oggettivo e fisso, da non sottoporre a verifica, ma che può essere potenziato attraverso il confronto tra pari.

- Il percorso proposto è di letture successive, intervallate da un compito, da svolgere generalmente a libro chiuso e spesso in coppia con un compagno. Oltre a ricordare che non ci si aspetta che il testo venga capito nella sua totalità, può essere importante far notare che l'attività non è una competizione e che non verrà premiato lo studente che ha più informazioni rispetto a quello che ne ha meno. Al contrario: la comprensione individuale viene potenziata dall'apporto dei compagni.

- È bene che sia l'insegnante a dare la consegna sul compito da svolgere, parlando in modo chiaro e semplice e preparando con accuratezza le parole con cui fornire le indicazioni.

- È utile dire agli studenti che tra una lettura e l'altra si consulteranno tra di loro per cercare di ricostruire i tasselli di quello che hanno letto, che per farlo potranno usare la fantasia e mettere in gioco la propria esperienza di vita perché qualsiasi intuizione può essere utile a una migliore comprensione.

Ascoltare

U0: 4 ● U1: 2 ● U2: 8 ● U3: 2 ● U4: 7 ● U5: 5 ● U6: 2 ● U7: 3 ● U8: 7 ● U9: 5 ● U10: 2

L'obiettivo di queste attività è lo sviluppo dell'abilità di comprensione di dialoghi tra madrelingua in una situazione il più possibile autentica. Gli input orali, selezionati in base alle indicazioni del *Quadro Comune Europeo*, sono costituiti prevalentemente da conversazioni faccia a faccia (di tipo privato o più formale), telefonate, servizi radiofonici, canzoni. I dialoghi non sono stati trascritti nel libro di classe o ne è stata riportata solo una parte con la quale gli studenti dovranno lavorare. Questa scelta nasce dal fatto che le attività di ascolto devono simulare la vita reale, "immergendo" il discente in situazioni analoghe a quelle in cui può trovarsi in Italia, in modo che pian piano impari a orientarsi e a "cavarsela" da solo. La trascrizione completa dei testi orali si trova nella presente guida a uso esclusivo dell'insegnante, nella parte relativa alle istruzioni di ogni singola unità. Si raccomanda di non fornirla alla classe. A quegli studenti che dovessero richiederla si risponderà che in classe non potranno leggere il testo, esattamente come nella vita reale non possono vedere ciò che le persone dicono. La mancanza della trascrizione non è quindi una "cattiveria", bensì un aiuto: finché si rimane legati alla parola scritta, infatti, non si può imparare a decodificare i suoni, che il cervello umano elabora diversamente dai segni.

Non sempre tutti gli studenti accettano con leggerezza di essere sottoposti a un'attività poco gratificante come l'ascolto, soprattutto all'inizio di un processo di apprendimento. L'insegnante deve essere consapevole del fatto che ascoltare è forse l'attività più difficile e frustrante tra quelle proposte in un corso di lingua. Anche in questo caso però, come già per l'attività di lettura, la soluzione non consiste nel semplificare i materiali, quanto nel proporre la modalità più adeguata ad affrontare la difficoltà.

Le attività di ascolto sono contrassegnate dalla fascetta `cd2` che indica il numero della traccia da selezionare nel CD (la 2, nell'esempio).

Procedimento

Nel primo punto delle attività di ascolto viene generalmente proposta una parte del dialogo oppure il dialogo completo. Il compito consiste solitamente nel raccogliere informazioni molto generali sul contesto in cui si svolge la conversazione, su chi è l'emittente e chi il ricevente, ecc. È bene fin da subito deresponsabilizzare gli studenti e non avere fretta: se le loro risposte in questa fase non sono corrette non è così grave, cambieranno probabilmente idea nel prosieguo dell'attività, quando si sommeranno anche altri elementi.

Anche se non è riportato nelle consegne, è sempre utile far ascoltare il brano in oggetto almeno un paio di volte, far svolgere il compito e quindi proporre un confronto a coppie, che consente agli studenti di avere un primo feedback sulla comprensione. Se nelle attività correlate agli ascolti sono presenti delle parole che lo studente deve conoscere per poter svolgere il compito, l'insegnante si assicuri che siano chiare per tutti prima di far partire l'audio.

Dopo la fase introduttiva sono generalmente proposti altri compiti che permettono di andare più a fondo nella comprensione attraverso ascolti successivi. Per questa fase, se è possibile, sarebbe bene disporre gli studenti in cerchio. Dopo aver avviato il lettore CD, l'insegnante dovrebbe restare in posizione defilata: è importante che gli studenti ascoltino senza essere distratti dalla sua presenza.

È proficuo in questa fase distinguere tre passaggi: l'ascolto vero e proprio, il lavoro finalizzato al compito proposto, il confronto con un compagno.

È opportuno che lo studente, mentre ascolta, non faccia altre cose e si metta comodo e rilassato ad ascoltare il brano proposto, senza libri, penne e quaderni davanti. Finito il brano, può (individualmente oppure direttamente in coppia da un certo momento in poi) rispondere ai quesiti proposti. L'eventuale confronto a coppie precederà un successivo ascolto.

Anche se le consegne delle attività di ascolto sono articolate in modo dettagliato, proponiamo di seguito una scaletta di massima organizzata in sei ascolti:

ASCOLTO 1 e 2 Gli studenti ascoltano il brano due volte con il libro chiuso.
COMPITO Gli studenti aprono il libro e risolvono individualmente un compito.
CONFRONTO a coppie 1 Gli studenti confrontano le proprie soluzioni.
ASCOLTO 3
CONFRONTO a coppie 2 Stesse coppie che nel confronto 1. Gli studenti verificano le proprie soluzioni. L'insegnante chiede alle coppie se hanno qualcosa da aggiungere e le invita a scambiarsi ulteriori informazioni, usando la fantasia.

Può essere utile a questo scopo sistemare le coppie faccia a faccia (con il libro chiuso).

CONFRONTO a coppie 3 L'insegnante cambia le coppie.

ASCOLTO 4

CONFRONTO a coppie 4 Stesse coppie che nel confronto 3.

NUOVO COMPITO Da svolgere individualmente o direttamente in coppia. L'insegnante invita gli studenti ad aprire il libro e a lavorare sui quesiti o i compiti richiesti dall'attività.

CONFRONTO a coppie 5 L'insegnante cambia le coppie.

ASCOLTO 5

CONFRONTO a coppie 6 Stesse coppie che nel confronto 5.

ASCOLTO 6

Ecco una lista di accorgimenti per potenziare la fase di ascolto.

- I brani audio presentati sono impegnativi ed è consigliabile introdurre l'attività chiarendo che l'obiettivo non consiste nel capire tutte le parole, ma nel farsi un'idea globale del testo. Capire tutto non solo non è possibile, ma non è neanche realistico: quando si ascolta una conversazione, anche nella propria lingua madre, è normale che sfuggano dei particolari. È bene essere molto chiari su questo punto, soprattutto le prime volte che si propone l'attività.

- Gli studenti vanno tranquillizzati e deresponsabilizzati parlando della difficoltà del testo, del fatto che non sarà possibile capire tutto né sufficiente ascoltare il brano una sola volta.

- È utile dire agli studenti che tra un ascolto e l'altro si consulteranno tra di loro per cercare di ricostruire i tasselli del brano ascoltato, che per farlo potranno usare la fantasia e mettere in gioco la propria esperienza di vita perché qualsiasi intuizione può essere utile a una migliore comprensione. È importante far capire allo studente che l'insegnante è consapevole di quanto il compito sia impegnativo. Nulla è più scoraggiante di un insegnante che informa lo studente che ci sono parole o concetti che avrebbe dovuto riconoscere.

- È anche utile chiarire che l'insegnante non valuterà la comprensione; è importantissimo che in seguito mantenga la parola e non effettui alcuna verifica, ad esempio chiedendo agli studenti di esporre pubblicamente ciò che hanno capito.

- È bene che sia l'insegnante a dare la consegna sul compito da svolgere, parlando in modo chiaro e semplice e preparando con accuratezza le parole con cui fornire le indicazioni.

- È bene abbinare il primo ascolto a un compito di avvicinamento al brano: qui lo studente dovrà capire in quale contesto si svolge il dialogo (p. es. formale o informale), immaginare la situazione e/o ricavare alcune informazioni generali. In *Parla con me* vengono proposti compiti, spesso abbinati a una o più immagini, il cui scopo è mettere lo studente a proprio agio, fornirgli informazioni che saranno utili all'ascolto completo e, non per ultimo, stimolarne la curiosità: è importante che il discente abbia, ad ogni ascolto, qualcosa di nuovo da scoprire perché così ascolterà con interesse e ricaverà automaticamente maggiore vantaggio dall'attività.

- È consigliabile distinguere in modo molto netto la fase di ascolto dalle altre. Se è già abbastanza difficile ascoltare, l'attività diviene ancora più ostica se nello stesso tempo lo studente deve anche leggere o addirittura scrivere. Bisogna quindi fare in modo che durante l'ascolto i banchi siano vuoti, il libro sia chiuso, gli studenti non possano scrivere e non abbiano niente da leggere (a meno che non ci siano compiti specifici da svolgere).

- Un elemento fondamentale nella riuscita dell'ascolto stesso riguarda l'organizzazione spaziale della classe. Nel caso in cui si avesse la possibilità di spostare i banchi per formare un perimetro esterno, le sedie degli studenti andranno messe in circolo con al centro il lettore. In questo modo si permetterà una concentrazione maggiore degli studenti e una sensazione di autonomia rispetto all'insegnante. Durante la consultazione tra pari è invece fondamentale che gli studenti si dispongano faccia a faccia, in modo da creare una comunicazione più intensa ed evitare eventuali distrazioni. Gli accorgimenti riguardanti l'organizzazione dello spazio possono inizialmente richiedere qualche minuto di tempo, ma il processo diventerà più veloce man mano che gli studenti si abitueranno a tale modalità.

◎ Analisi grammaticale

U0: 3 ◎ U1: 7, 9 ◎ U2: 5, 9 ◎ U3: 5, 9, 15 ◎ U4: 5, 9, 11 ◎ U5: 4, 7 ◎ U6: 7, 10 ◎ U7: 4, 7 ◎ U8: 5, 10 ◎ U9: 3, 7, 9 ◎ U10: 3, 6, 10

In **Parla con me** lo studio della grammatica nasce da due direttrici principali: gli studi sullo sviluppo dell'interlingua e sulle sequenze di apprendimento e la grande varietà linguistica presente nei materiali audio e scritti. I temi proposti all'attenzione dello studente provengono dai testi proposti, emergendo quindi dalla salienza pragmatica all'interno di una determinata tipologia testuale.

L'intento è quello di fornire allo studente la possibilità di affrontare in modo esplicito un tema morfosintattico nel momento in cui questo sta entrando già nel suo bagaglio di necessità. È ovvio però che il tema non potrà essere "esaurito" in quella fase, per cui lo studio esplicito serve a fornire uno strumento d'uso, forse non ancora affilato ed esaustivo, ma di certo utile. Questo primo stadio rappresenta un "trampolino" verso una nuova partenza: necessariamente arriverà il momento in cui andrà messo in discussione. Il programma di riflessione morfosintattica non può quindi che risultare a spirale, con continui ritorni (e approfondimenti) sullo stesso argomento. I percorsi, studiati per essere sempre gratificanti, propongono una progressione graduale e modalità non frustranti. Ben presto lo studente stesso si accorge che studiare le forme della lingua significa, man mano che procede, mettere in dubbio ciò che già sa al fine di entrare in possesso di una nuova regola più precisa e più utile ad attuare, in maniera sempre più corretta, le molteplici strategie comunicative di cui si ha bisogno. Per questo, più che un prontuario e una classificazione infinita e minuziosa, **Parla con me** propone agli studenti e agli insegnanti dei percorsi di riflessione. I momenti di analisi grammaticale, lessicale, stilistica e conversazionale proposti sono inoltre da intendersi come indicazione di uno stile di ricerca, come l'esempio di un percorso che lo studente dovrebbe imparare a conoscere per approfondire lo studio della lingua nella direzione che maggiormente lo interessa in base alle sue esigenze di studio, di lavoro e di vita. Va detto a questo proposito che il fornire una metodologia esplicita di ricerca e di studio fin dall'inizio non è solo pratico ed efficace, ma rappresenta uno strumento indispensabile per la costruzione di quel portfolio linguistico tanto raccomandato dalle indicazioni del *Quadro Comune Europeo*.

Procedimento

Lo studio delle forme parte sempre da un testo scritto o orale affrontato in precedenza. Generalmente l'attività inizia con l'indicazione da parte dell'insegnante del tema linguistico che gli studenti dovranno affrontare. Si passa poi a una fase in cui ogni studente individualmente cerca elementi occorrenti all'interno di un testo. Questa fase è seguita dal lavoro tra pari, da portare avanti con cambi di coppia fino a quando le teorie dei singoli non sono ampiamente condivise tra i compagni. Ultima fase dell'analisi grammaticale è generalmente il lavoro con l'insegnante. Se si darà abbastanza spazio alla consultazione tra pari, la parte centrata sull'insegnante non potrà che consistere in un dialogo tra "esperti": gli studenti da una parte, con le teorie che hanno elaborato, e dall'altra l'insegnante, che risponde ai dubbi ancora presenti. Per questo chiedere se ci sono domande dovrebbe essere sufficiente. Nel caso in cui l'analisi richiedesse la trascrizione di parti di audio più o meno complesse, è bene pensare a strategie intermedie che permettano all'insegnante di far arrivare gli studenti alla soluzione con un intervento minimo. Ad esempio, si può ridurre progressivamente la difficoltà "regalando" un paio di soluzioni e rilanciando il confronto. Lo stesso può valere nel caso di completamento di schemi grammaticali che risultino troppo complessi.

Analisi lessicale

U0: 7 ● U1: 3 ● U3: 12 ● U4: 4 ● U5: 6 ● U6: 5 ● U8: 8 ● U10: 5

Lo studio del lessico accoglie, dal punto di vista metodologico, alcuni suggerimenti dell'approccio lessicale (sia pure rivisti e corretti in una dimensione testuale e funzionale). In quest'ottica la lingua non è più vista come la somma di sistemi separati (lessico e grammatica), da analizzare quindi in modo distinto e spesso dicotomico, ma come un sistema integrato (un "lessico grammaticalizzato") da affrontare nella sua totalità e complessità. Non sono quindi solo i significati delle parole al centro dell'analisi, ma le modalità attraverso cui le parole si combinano per formare degli insiemi strutturati (quelli che in inglese vengono chiamati *chunks*). Il tutto attraverso attività che portino gli allievi a ragionare sulle relazioni tra le parole e sulla frequenza di queste relazioni, facendo ipotesi di attrazione e repulsione interne a determinati insiemi lessicali. Le procedure dell'analisi lessicale sono generalmente riconducibili a quelle relative all'analisi grammaticale.

Analisi del discorso

U7: 8

In **Parla con me 2** figura per la prima volta un'attività nella quale lo studente è chiamato a svolgere un'analisi del parlato e, in particolare, delle regole pragmatiche che governano quest'ultimo nella comunicazione. L'attività qui proposta, come pure quelle analoghe presentate nel terzo volume del corso, si incentra sull'analisi dei meccanismi di interazione all'interno di un contesto preciso, il tutto con lo scopo di rendere lo studente efficace sul piano comunicativo. Questo tipo di analisi non mira quindi solo a sensibilizzare lo studente alle sfumature della conversazione, ma anche a sviluppare fin da subito una competenza procedurale: usare la lingua in modo adeguato al contesto.
Le procedure dell'analisi del discorso sono generalmente riconducibili a quelle relative all'analisi grammaticale e lessicale.

Gioco

U0: 9 ● U1: 12 ● U2: 6 ● U3: 6, 14, 16 ● U5: 9 ● U6: 11 ● U7: 5 ● U8: 6 ● U9: 10 ● U10: 7

In **Parla con me** sono presenti diverse tipologie di giochi (di coppia e di squadra), generalmente centrati su argomenti grammaticali o funzionali. I giochi sono particolarmente indicati per proporre compiti che potrebbero risultare noiosi da svolgere individualmente. La strategia è utilizzata anche per portare alla luce un sostrato comune di conoscenze, dare risalto a ciò che gli studenti conoscono su un determinato argomento, metterlo in comune e farlo condividere. Il gioco fa sì inoltre che l'attività sia centrata sugli studenti e introduce il "fattore tempo": chi arriva prima alla soluzione del compito vince. Questo riduce i tempi morti e impedisce che gli studenti si annoino.

Procedimento
Le consegne dei giochi presenti nel libro di classe intendono essere chiare ed esaustive ed evitare il più possibile il ricorso alla presente guida.
La tipologia più utilizzata consiste nel dividere la classe in coppie oppure in due o più squadre, indicare il compito da svolgere e comunicare che appena una squadra crede di aver concluso correttamente, deve chiamare l'insegnante. Se la risposta è corretta, la squadra vince.

Ecco alcuni accorgimenti per far funzionare i giochi nel migliore dei modi.

- L'insegnante deve fornire la consegna in modo estremamente chiaro, se possibile a libro chiuso, e assicurarsi che tutti abbiano capito il compito da svolgere.
- Il ruolo dell'insegnante deve essere chiarissimo agli studenti: avrà esclusivamente la funzione di arbitro. Quando una squadra lo chiamerà, verificherà la correttezza della risposta limitandosi a dire *Giusto!* o *Sbagliato, il gioco continua.*
- Gli studenti possono chiamare l'insegnante ogni volta che lo desiderano, salvo diversa indicazione nella consegna.

In alcuni casi è possibile che durante lo svolgimento del gioco si raggiunga una fase di stallo: le squadre continuano a chiamare l'insegnante, ma non riescono a dare la soluzione. È bene ricordare che un'attività di questo genere non dovrebbe durare oltre i 20-30 minuti, e che dovrebbe inoltre essere caratterizzata da un certo dinamismo. Pertanto, nel momento in cui l'insegnante percepisce un calo di tensione, una riduzione del numero di consultazioni, o un principio di distrazione in alcuni studenti, è bene che rilanci il compito "regalando" alcuni elementi.

Si ricorda che l'obiettivo è che gli studenti lavorino nel migliore dei modi per la quantità di tempo prefissato; in questa logica, il raggiungimento della soluzione è solo funzionale al gioco: si giustifica cioè con il fatto che non stabilire alcun vincitore potrebbe essere demotivante per le volte successive.

Per quel che riguarda i giochi a coppia, prima di iniziare può essere utile simulare la dinamica del gioco utilizzando uno studente e solo successivamente mettere gli studenti uno di fronte all'altro.

La maggior parte dei giochi (in modo particolare quelli di coppia) sono delle attività di produzione orale controllata, hanno cioè l'obiettivo di far praticare agli studenti delle strutture morfosintattiche, o funzionali, o lessicali analizzate in precedenza. È importante che l'insegnante chiarisca che si tratta, appunto, di un gioco e che invogli ogni studente a "vincere". Se si attiva questa dinamica, gli studenti si controlleranno attentamente a vicenda: una forma non corretta non potrà passare (in caso contrario si avrà un gioco sciatto e poco interessante, sia per gli studenti, che non si divertiranno, che per l'insegnante, in quanto non avrà raggiunto l'obiettivo didattico).

> Parlare

U0: 6, 8 • U1: 5, 8 • U2: 4, 7, 10 • U3: 3, 8 • U4: 8, 13 • U5: 8 • U6: 3, 9 • U7: 9 • U8: 4, 9 • U9: 6 • U10: 4, 11

Le attività di produzione orale presenti in *Parla con me* sono di due tipologie: libere, con attenzione all'espressione di significati; controllate, con attenzione alla correttezza grammaticale. Le attività del secondo tipo sono generalmente giochi o esercizi.

L'importanza del parlato libero in classe è universalmente riconosciuta, se è vero che imparare a parlare una lingua vuol dire nella stragrande maggioranza dei casi imparare a partecipare a conversazioni. Affinché la produzione orale libera si svolga efficacemente, è cruciale, soprattutto in classi di livello non avanzato, che lo studente senta di potersi esprimere senza nessuna forma di valutazione da parte dell'insegnante e dei compagni. L'insegnante non interviene nella conversazione fra pari, ma resta in secondo piano, disponibile a soddisfare le eventuali richieste linguistiche degli studenti.

Le produzioni orali possono essere reali (lo studente è se stesso, parla di sé) o immaginarie (lo studente interpreta un personaggio). La situazione immaginaria può favorire una dimensione ludico-fantastica utile alla pratica orale, mentre quella reale viene utilizzata per far confrontare gli studenti su questioni inerenti il tema dell'unità, abitudini personali o differenze culturali e di idee.

Procedimento

Per quel che riguarda la produzione orale immaginaria, l'insegnante divide la classe in gruppi e assegna a ciascuno di essi un personaggio differente leggendo la descrizione riportata sul libro di classe e aggiungendo, eventualmente, altre caratteristiche. Se possibile, le consegne vanno date in modo che ogni gruppo conosca solo il proprio personaggio (in questa fase preliminare andrebbe pertanto usato anche lo spazio esterno all'aula, facendo per esempio uscire uno o più gruppi). L'insegnante invita i gruppi a lavorare sul personaggio sviluppandone il vocabolario, il linguaggio del corpo, le emozioni e intenzioni all'interno della situazione assegnata. Dispone poi gli studenti uno di fronte all'altro, seduti o in piedi a seconda della scena che si trovano a rappresentare. Le varie conversazioni si svolgono simultaneamente. L'insegnante può favorire la creazione di questo "contesto immaginario" intervenendo sullo spazio della classe, spostando sedie e tavoli e creando la "scena" in cui la conversazione ha luogo.

Per quanto riguarda le produzioni orali reali, sarà sempre bene dare consegne in modo chiaro e disporre gli studenti in coppia faccia a faccia.

In tutti i casi è opportuno comunicare fin da subito la durata dell'attività, soprattutto all'inizio del corso, annunciando che durante il tempo impartito bisognerà sforzarsi di parlare solo in italiano. Ciò contribuisce a responsabilizzare gli studenti, ma anche a mostrare loro che l'insegnante è consapevole di quanto il compito sia difficile.

Per qualsiasi tipo di produzione libera orale, consigliamo di comporre gruppi il più piccoli possibile. L'obiettivo di tale attività infatti è lo sviluppo dell'interlingua, raggiungibile solo se gli studenti provano a esprimere significati esponendosi e parlando il più possibile. Se l'attività dura 10 minuti e il gruppo è di cinque studenti, ogni studente parlerà circa 2 minuti nella migliore delle ipotesi. Se il gruppo è di due studenti, a ognuno spetteranno circa 5 minuti.

Dopo aver preparato l'attività, fornito le consegne, sistemato lo spazio e dato il via alle conversazioni, è bene che l'insegnante si faccia da parte, pur restando a disposizione degli studenti che avranno bisogno del suo aiuto. Se partecipa invece alla conversazione (ad esempio in un plenum) - pur avendo instaurato un rapporto cordiale e di fiducia con gli studenti - andrà incontro a diversi risvolti negativi; eccone alcuni esempi:

- prenderanno la parola solo gli allievi più bravi;
- i meno bravi parleranno solo se interpellati direttamente dall'insegnante (quindi per dovere);
- l'interlingua non sarà sviluppata al massimo delle potenzialità perché nessuno studente vorrà rischiare di sbagliare davanti all'insegnante e, quindi, ognuno cercherà di esprimere solo frasi corrette, a discapito dell'espressione di significati;
- verrà meno la negoziazione dei significati (tanto importante per lo sviluppo dell'interlingua): poiché l'insegnante rappresenta la versione "corretta e ufficiale", ogni studente sarà disposto ad abbandonare la propria teoria di fronte a un'idea diversa espressa dal docente.

❯ Scrivere

U1: 10 ● U2: 11 ● U3: 11 ● U4: 10 ● U5: 3 ● U6: 8 ● U7: 6 ● U8: 12 ● U9: 4, 8 ● U10: 9

La produzione scritta porta lo studente a mettere in gioco tutte le proprie conoscenze linguistiche con una precisione e un'accuratezza maggiori rispetto a quelle che implica la produzione orale. Richiede inoltre un livello di progettazione più alto e più tempo a disposizione. Per queste ragioni risulta spesso sacrificata nel lavoro in classe o relegata a compito da svolgere a casa. È invece importante trovare il tempo necessario (20-30 minuti) per includere quest'attività all'interno della lezione. La scrittura in classe permette infatti all'insegnante di tenere sotto controllo il processo di produzione. Tutti gli studenti avranno lo stesso tempo a disposizione e potranno accedere agli stessi strumenti (dizionario, grammatica, l'insegnante stesso): in questo modo il docente potrà quindi rendersi conto della reale competenza raggiunta da ogni studente in questa abilità così importante.

Procedimento

È opportuno tranquillizzare gli studenti circa il prodotto che l'insegnante si aspetta: la fase di stesura di un testo scritto dovrebbe rappresentare un'occasione per cercare di esprimere significati, anche a costo di fare "esperimenti linguistici". Ciò che più conta è lo sforzo volto ad attivare tutte le proprie conoscenze e provare a raggiungere un determinato obiettivo comunicativo. L'insegnante dovrebbe mostrarsi consapevole del fatto che la produzione non potrà risultare subito perfetta, motivo per cui è bene che gli studenti si abituino fin dall'inizio a dividere il lavoro in fasi ben distinte: progettazione ❯ prima elaborazione ❯ revisione ❯ scrittura in bella copia. Questa scansione può realizzarsi in momenti diversi in lezioni differenti: una produzione scritta può risultare da due fasi di circa 20-30 minuti l'una (progettazione e prima bozza un giorno, revisione e bella copia un altro giorno). La capacità di dividere il lavoro in fasi è un'abilità che gli studenti impareranno ad affinare nel corso dei loro studi.

Fase 1: progettazione/prima elaborazione

Annunciare agli studenti i minuti che avranno a disposizione per scrivere, comunicare che avranno successivamente il tempo di revisionare il testo, e indicare gli strumenti che potranno usare.

Ogni scelta da parte dell'insegnante ha conseguenze diverse: ad esempio, mettere a disposizione il dizionario bilingue rischia di promuoverne un uso eccessivo. Vietarlo, al contrario, rischia di creare dei blocchi. I dizionari, se ammessi, possono essere sistemati in un punto lontano della classe in modo che chi desidera consultarne uno dovrà alzarsi dal proprio posto. Se l'insegnante ha il ruolo di "dizionario umano", dovrà essere efficace e succinto: a domanda risponde, senza divagare. Visto che la scrittura è un'attività solitaria e richiede molta concentrazione, è bene che l'insegnante, se chiamato, si rechi vicino allo studente (piegandosi sulle ginocchia per mettersi allo stesso suo livello ed esprimere così disponibilità) e risponda alla domanda sottovoce e privatamente. Dopo il tempo stabilito l'insegnante ritira le produzioni scritte. Qualche minuto prima è meglio annunciare quanto tempo resta, in modo da dare l'opportunità a tutti di presentare un testo coeso e chiuso. È preferibile non correggere né valutare le produzioni scritte (a meno che non si tratti esplicitamente di un test) per far sì che anche nelle successive attività di produzione analoghe ogni studente si senta libero di sperimentare la propria interlingua senza paura di scrivere cose che verranno considerate errori (fra l'altro, lo studente non ha ancora revisionato il proprio testo e sarebbe quindi poco corretto nei suoi confronti). Si possono comunque leggere i testi (visto che quelli prodotti in classe sono sempre implicitamente rivolti all'insegnante) e scrivere commenti sul contenuto prima di restituirli.

Fase 2 : revisione/scrittura in bella copia

In questa fase può essere applicato positivamente il lavoro tra pari. La fase di revisione infatti può risultare potenziata dallo sguardo di un occhio esterno, osservando il seguente procedimento.

- L'insegnante forma delle coppie. Ogni studente ha in mano il proprio testo, presumibilmente scritto in una lezione precedente (o più probabilmente è l'insegnante a consegnare alla coppia i testi che aveva ritirato al termine dell'attività di scrittura svolta in precedenza).
- Ogni studente legge il testo del compagno, chiedendogli spiegazioni su ciò che non riesce a capire.
- L'insegnante annuncia che si lavorerà per 30 minuti (all'inizio sarà meglio dare 10-20 minuti, per poi aumentare il tempo man mano che gli studenti cominciano a capire il tipo di lavoro da svolgere) e che ogni coppia dovrà lavorare per 15 (5-10) minuti su ciascun testo.
- L'insegnante ritira uno dei due testi in modo che le coppie non passino arbitrariamente da un testo all'altro.
- Le coppie cominciano a lavorare con l'obiettivo - dichiarato dall'insegnante - di migliorare la qualità del testo. Lo scopo non consiste solo nel trovare errori, ma soprattutto nel cercare di esprimersi con maggiore efficacia. A tal fine l'insegnante invita a consultare il dizionario e la grammatica e offre la propria consulenza.
- Una regola inderogabile: solo l'autore del testo può usare la penna per inserire modifiche o correzioni.
- Al termine del tempo stabilito, l'insegnante ritira il primo testo e invita gli studenti a lavorare sull'altro, anche se non hanno finito con il precedente. Se gli studenti desiderano continuare a "migliorare" i testi oltre il tempo impartito, si può proporre, se possibile, un'ulteriore sessione di revisione.

Come detto, l'insegnante è a disposizione degli studenti. È però importante far capire che non è lì per risolvere i problemi, dare soluzioni o indicare se una frase è giusta o sbagliata. Può "dare una mano", ma non spetta a lui revisionare il testo. Quanto alla scrittura in bella copia, è un lavoro che gli studenti svolgono individualmente e che rappresenta un'ulteriore, ultima revisione.

❯ Esercizio

U0: 5 ● U1: 4, 11 ● U2: 3 ● U3: 4, 10 ● U4: 3, 6, 12 ● U6: 6 ● U8: 3

Gli esercizi presenti all'interno delle unità di *Parla con me* sono pensati per essere svolti in classe. Hanno differenti caratteristiche e finalità, riconducibili a diverse tipologie:
- esercizi di parlato (con focus sulle forme), diversi dal gioco in quanto qui le coppie non gareggiano per vincere. Considerare l'attività un esercizio e non un gioco permette di lavorare con maggiore calma e lascia più tempo agli studenti per ponderare le loro scelte;
- esercizi scritti con obiettivo grammaticale;
- esercizi di trascrizione di un brano audio;
- esercizi logico-grammaticali.
Caratteristica comune di tutti gli esercizi è il fatto che, dopo la fase di lavoro individuale, segue sempre un confronto tra pari.

❯ Progetto finale
Ogni unità si chiude con un'attività in cui gli studenti vengono coinvolti nella realizzazione di proposte che oltre a mettere alla prova la competenza comunicativa maturata fino a quel momento, richiedono l'utilizzo di strategie trasversali di ricerca, collaborazione, creazione e organizzazione.
Il contenuto dei progetti finali è stato scelto in armonia con il percorso dell'unità. Rappresenta un'ulteriore sfida per gli studenti, a cui viene proposto un obiettivo più complesso, quanto più possibile coinvolgente dal punto di vista dei codici utilizzati e dell'uso di abilità non prettamente linguistiche. Si intende così fornire al discente una prospettiva diversa sulla lingua, intesa come mezzo per raggiungere scopi e non fine in sé, e un oggetto tangibile che rimanga patrimonio dell'intera classe a dimostrazione dei progressi realizzati. Più ancora che in altre attività di collaborazione, il progetto finale tende pertanto a usare sinergicamente le capacità di tutti gli studenti, valorizzati nella loro diversità e insostituibili proprio grazie ad essa.

Ecco una lista di accorgimenti utili per potenziare l'efficacia del progetto finale.
- Seguire la divisione in fasi suggerita nelle consegne. Ogni progetto si compone di più fasi che tendono a sviluppare una singola capacità dello studente (uso di un codice non linguistico, pianificazione del prodotto finale, revisione, fissazione di elementi linguistici, confronto, ecc.). Mescolare più fasi insieme equivale a sminuire uno o tutti gli obiettivi sottesi.
- Dosare i tempi di realizzazione. La maggior parte dei progetti può avere una durata superiore alla singola lezione. Sono infatti state pensate fasi che possano essere non consecutive, in modo che l'insegnante possa dosarle all'interno di lezioni successive, mantenendo comunque alto l'interesse degli studenti e non compromettendo l'andamento del corso. In generale la progettazione (formazione dei gruppi, pianificazione e distribuzione dei ruoli) costituisce una prima fase; la stesura del documento (integrazione di codici e revisione) è una seconda fase isolabile; l'azione finale (prove e realizzazione di un video o di un audio, creazione di un cartellone, ecc.) è un'ulteriore fase a sé stante.

❯ I box

In **Parla con me** sono presenti dei riquadri informativi appartenenti a due categorie: i box lessicali e i box grammaticali, chiaramente distinti dal punto di vista cromatico dal resto delle attività.

I riquadri lessicali (*Parole, parole, parole*) rappresentano generalmente un "qualcosa in più" e non sono analizzati all'interno dell'unità, anche se fanno parte del percorso di studio. Focalizzano l'attenzione dello studente su elementi lessicali relativi al contesto presentato o sono destinati ad arricchire ulteriormente il vocabolario contenuto nei testi dell'unità.

I riquadri grammaticali (*Come funziona?*) hanno spesso la funzione di promemoria di fenomeni grammaticali utili per lo svolgimento di una determinata attività. In altri casi invece rappresentano delle "scorciatoie" contenenti informazioni importanti ma che non meritano un'intera analisi. Forniscono generalmente una regola in modo acritico, senza possibilità di azione da parte dello studente.

❯ Le attività di ripasso

Ti ricordi? è una sezione di ripasso presente in tutte le unità a partire dalla 2. Si tratta di un esercizio di ripresa dei contenuti morfosintattici o lessicali analizzati nell'unità precedente. Gli esercizi proposti sono di diverso tipo (*cloze*, flessione di morfemi, accordo, ecc.), tutti di taglio testuale e pragmatico, in linea con la dimensione privilegiata dal corso.

Le attività sono pensate per essere svolte in classe, al fine di favorire un confronto tra gli studenti e una riflessione di gruppo sugli aspetti grammaticali e lessicali di volta in volta ripresi. La modalità di svolgimento è quindi quella già suggerita per tutti i tipi di esercizi inseriti all'interno delle unità di **Parla con me**: dopo una fase di lavoro individuale, ne segue una di confronto tra pari. Terminate le due fasi, si può passare alla correzione in plenum.

❯ Le schede culturali

Alla fine di ogni unità **Parla con me** presenta un'agile scheda, che pur trattando temi legati alle unità stesse, fornisce ulteriori elementi per arricchire la competenza culturale generale degli studenti. Le schede culturali possono essere inserite in un corso di lingua come parte delle unità didattiche, o costituire delle risorse da utilizzare al di fuori della lezione.

I testi selezionati presentano contenuti mirati a suscitare l'interesse degli adolescenti, grazie anche al percorso di scoperta che li accompagna e alla proposta di ricerca "ampliata" tramite altri materiali o internet. Tutti i testi si prestano a essere approfonditi e ampliati in base alle esigenze dei corsi e ai mezzi tecnici a disposizione di scuole e insegnanti, ma restano comunque dei nuclei autosufficienti di elementi culturali pertinenti con un'immagine non stereotipata dell'Italia.

Per una lista completa dei temi trattati nelle schede culturali, vai alla pagina successiva.

Temi trattati nelle schede culturali

Unità		Titolo	Argomento
1		Caffè per tutti i gusti	Tipi di caffè e usanze al bar
2		Tradizioni in pista!	Balli folcloristici italiani
3		Feste e festeggiamenti	Festività religiose e laiche
4		I grandi nomi della scienza in Italia	Scienziati illustri da Leonardo a Rita Levi Montalcini
5		Grandi artisti italiani	Da Giotto a Cattelan
6		Viva gli sposi!	Rito del matrimonio nelle diverse regioni italiane
7		Luoghi d'arte a misura di week end	Piccole e grandi città d'arte italiane
8		Dolci tradizioni	Specialità gastronomiche legate a feste tradizionali
9		Slangopedia	Gergo giovanile
10		La Tv di ieri e di oggi	Storia della televisione pubblica e privata in Italia

Istruzioni delle attività di classe

comunicazione	grammatica	lessico	testi scritti e *orali*
• esprimere un parere sulla scuola e le vacanze • raccontare le proprie vacanze estive • esprimere entusiasmo • descrivere il tempo meteorologico • indicare cose mai fatte prima nella vita	• ripresa del passato prossimo con e senza avverbi (*mai, già, persino*)	• ripasso del lessico del volume 1 • *uffa, non vedo l'ora, mamma mia, ho voglia* • lessico scolastico • le espressioni dell'entusiasmo • le stagioni • il tempo meteorologico	• gioco dell'oca per ripasso • post sull'inizio dell'anno scolastico • *dialogo tra amici prima dell'inizio della scuola*

Nota: se gli argomenti culturali presentati in questa unità di ripasso sono già stati trattati e non si ritiene necessario riproporre attività di rinforzo su elementi grammaticali già acquisiti, l'insegnante può seguire un percorso più breve, proponendo alla classe le attività **4**, **5**, **7** e **8**.

 1 INTRODUZIONE **Scuola e vacanze**

Obiettivo: sviluppare la produzione orale indicando e condividendo opinioni su aspetti positivi e negativi del proprio vissuto, in particolare relativamente alla scuola e alle vacanze.

Procedimento: invitare gli studenti a pensare alle attività che amano svolgere in vacanza e a scuola. Gli studenti aprono il libro, completano lo schema individualmente, infine confrontano le proprie risposte in coppia o in piccoli gruppi. Trattandosi di un'attività introduttiva, dare un limite massimo di 5 minuti. Alla fine si può chiedere alle coppie o ai gruppi se è emerso un elemento comune particolarmente apprezzato o sgradito.

 2 LEGGERE **Tutti a scuola!**

Obiettivo: fissare il lessico e alcuni elementi grammaticali introdotti nel primo volume; sviluppare la comprensione scritta attraverso la lettura di un forum on line.

Procedimento:

2.a dividere la classe in squadre di tre studenti e far seguire la consegna. Invitare ciascuna squadra a giungere a una soluzione condivisa da tutti i membri. Appena una squadra ritiene di aver completato il cruciverba correttamente, chiama l'insegnante. Per evitare che gli studenti tirino a indovinare senza riflettere, comunicare che ogni squadra potrà chiamare l'insegnante non più di tre volte. Vince la squadra che per prima completa correttamente il cruciverba.

2.a Far completare il testo a ogni studente con le parole del cruciverba precedente. Specificare che è importante ragionare sul significato globale del testo e che non è necessario conoscere tutte le parole. Dare 10 minuti di tempo, poi formare delle coppie. Quando una coppia pensa di aver completato il testo correttamente, chiama l'insegnante. Per evitare che gli studenti tirino a indovinare senza riflettere, comunicare che ogni coppia potrà chiamare l'insegnante non più di tre volte. Vince la coppia che per prima completa correttamente il testo. Concludere con una verifica in plenum.

Soluzione: **2.a Orizzontali: 3.** fermata, **6.** oggi, **7.** mia, **8.** sera, **9.** liceo, **10.** fa, **11.** compagni; **Verticali: 1.** matematica, **2.** dalla, **4.** dobbiamo, **5.** visto. **2.b a.** fa, liceo; **c.** dobbiamo; **d.** fermata, sera; **e.** oggi, matematica, visto, dalla; **f.** *mia*, compagni

Parole, parole, parole

Espressioni
Senza mostrare il box, scrivere le quattro espressioni alla lavagna e chiedere agli studenti di sottolinearle nel testo al punto **2.b**. Invitarli a formulare delle ipotesi sul significato. L'insegnante può eventualmente fornire i quattro minidialoghi, farli abbinare alle espressioni e proporre infine una verifica a libro aperto. Si può ampliare il repertorio chiedendo agli studenti di pensare ad altre espressioni italiane conosciute o avviare un confronto interculturale sulle stesse espressioni.

3 ANALISI GRAMMATICALE *Ripassiamo i verbi*

Trascrizione `cd 2`

Obiettivo: richiamare alla memoria definizione e formazione di tempi e modi verbali presentati nel primo volume.

Procedimento:

3.a ricordare agli studenti che innanzi tutto va rivista la collocazione delle frasi nel testo al punto **2.b**. Far abbinare le frasi alla classificazione grammaticale. Dare 10 minuti di tempo, avviare un confronto a coppie e concludere con una verifica in plenum. **VARIANTE:** nel caso in cui ci fosse un alto numero di studenti con lacune rispetto agli argomenti analizzati, chiarire prima la funzione dei concetti grammaticali (passato, imperativo, presente progressivo) e invitare la classe a riconoscere tale funzione nelle frasi.

3.b Invitare gli studenti a rispondere dopo avere osservato la frase corrispondente all'elemento grammaticale e dopo avere richiamato alla memoria eventuali altri esempi. Dare 5 minuti di tempo e concludere con un confronto a coppie.

Soluzione: **3.a** *1./d.*; 2./e.; 3./a.; 4./b.; 5./c. **3.b** Passato prossimo: **a.** avere, **b.**/essere, **c.**/essere; **Presente progressivo:** stare; **Imperativo: a.**/-a, **b.**/infinito

 **4** ASCOLTARE **Chiacchiere tra amici**

`cd 2`

Obiettivo: sviluppare la comprensione orale tramite un dialogo informale tra due ragazzi che si incontrano casualmente.

Procedimento:

4.a disporre gli studenti in cerchio con al centro il lettore CD, far ascoltare le prime due volte a libro chiuso, poi far seguire le consegne tenendo presente quanto indicato nell'introduzione circa le attività di ascolto. Concludere con un confronto a coppie.

4.b Procedere con ulteriori ascolti e far svolgere il compito individualmente, quindi invitare gli studenti a confrontarsi con un compagno, cambiando eventualmente le coppie. L'insegnante resta disponibile per eventuali domande.

Guido: Oh ciao!
Paolo: Ciao, come va?
Guido: Eh, io bene, te?
Paolo: Tutto bene.
Guido: E... com'è andata la scuola?
Paolo: Be', sono stato rimandato.
Guido: A quali materie?
Paolo: A... le tre più importanti, lo sai, lo scientifico è duro, quindi latino, matematica e scienze.
Guido: Fantastico. E... che intenzioni hai, adesso?
Paolo: Be', ho lasciato il liceo scientifico e mi sono iscritto all'istituto d'arte.
Guido: Ah. Eh... Senti, parliamo di qualche argomento un pochino più bello: come sono andate le vacanze?
Paolo: Be', tutto bene, sono andato in Sardegna, al mare. Non ho mai visto un mare così bello.
Guido: Ah.
Paolo: E poi anche le spiagge, le spiagge bianchissime, la gente socievole... molto gentile.
Guido: Eh. E il tempo?
Paolo: Il tempo, bello, devo dire, molto bello, caldo, ma bello.
Guido: E... con chi sei andato?
Paolo: Sono andato con i miei genitori e con... con tutta la famiglia. E... senti, tu dove sei stato?
Guido: Ah, io sono stato in montagna con Gioele a fare due settimane di trekking. Peccato che il tempo è stato molto brutto e quindi...
Paolo: Non ti sei proprio divertito?
Guido: Ci siamo molto divertiti i primi giorni perché, eh... siamo stati a fare diverse escursioni e abbiamo persino dormito in tenda; purtroppo, dopo il secondo giorno il tempo si è fatto veramente brutto e siamo dovuti tornare indietro.
Paolo: Wow!
Guido: Che fortuna eh?
Paolo: Eh, già. E... dov'eri di preciso?
Guido: Dove? Eh... Monte Vigione.
Paolo: Hm. E... dove sei andato a fare le escursioni?
Guido: Siamo sta... Abbiamo fatto le escursioni vicino a un lago.

Un nuovo inizio

○ **Paolo:** Ed era bello?

○ **Guido:** Sì, il lago era bello.

○ **Paolo:** Ah, wow!. Ma... eravate da soli o con i genito...

○ **Guido:** No, eravamo con degli accompagnatori. Lo fanno ogni anno.

○ **Paolo:** Hm, bello. E... Senti, eh... tu hai sentito Brando?

○ **Guido:** Sì, purtroppo l'ho sentito e mi dispiace dirlo, ma è stato bocciato e ha cambiato scuola.

○ **Paolo:** E dov'è andato?

○ **Guido:** Eh... Si è iscritto al Volta, l'istituto tecnico accanto al nostro.

○ **Paolo:** Hm, ok. E...

○ **Guido:** Be', allora ti saluto, ci si vede un'altra volta.

○ **Paolo:** Ok. Allora alla prossima.

○ **Guido:** Alla prossima.

○ **Paolo:** Ciao.

Soluzione: 4.a scuola, compagni di scuola, vacanze future, tempo. **4.b Ragazzo 1: 1./b, 2./b, 3./a; Ragazzo 2: 1./a, 2./a, 3./b**

Parole, parole, parole

Parole e tempi della scuola
Questo box può essere presentato prima o dopo la **traccia 2**. Le espressioni, di cui l'insegnante può fornire alcuni esempi, sono relative all'organizzazione della scuola italiana: può risultare interessante proporre un confronto su cosa succede quando uno studente va bene/male a scuola in Italia e nel paese di origine degli studenti, per poi stimolare una discussione sui pro e i contro dei vari sistemi.

Parole, parole, parole

Esprimere entusiasmo
Chiedere agli studenti cosa dicono quando sono particolarmente contenti o eccitati. Invitarli poi a leggere le espressioni del box. Specificare che questi sono solo alcuni esempi molto diffusi e che esistono numerose altre espressioni sia italiane che regionali (per es. *ganzo* in Toscana). In rete si può aprire una discussione dedicata al tema attraverso il forum di yahoo answers e, dopo un certo lasso di tempo (un paio di mesi), raccogliere tutte le esclamazioni, i significati e le zone d'uso in un glossario di classe.

 ESERCIZIO *Che tempo fa?*

Obiettivo: acquisire il lessico relativo al tempo atmosferico e parlare delle condizioni meteorologiche nel proprio paese.

Procedimento:

5.a far abbinare le espressioni alle immagini individualmente, poi procedere con un confronto a coppie. Chiarire eventuali dubbi relativi ai disegni.

5.b Chiedere agli studenti di portare, in una lezione successiva, una foto del proprio paese o della propria regione, o invitarli a scaricarne una da internet il giorno stesso. Fargli indicare sulla fotografia la propria città e/o altre città note e completare la scheda in base alle condizioni climatiche del paese o della regione scelto/a. Dare 15 minuti di tempo. Concludere con un confronto in piccoli gruppi. **VARIANTE:** in alternativa gli studenti possono disegnare il loro paese o la loro regione o ritagliare immagini corrispondenti da riviste e giornali.

Soluzione: 5.a 1. nevica; **2.** grandina; **3.** c'è nebbia; **4.** è nuvoloso/coperto; **5.** è sereno; **6.** piove; **7.** è poco/leggermente nuvoloso; **8.** c'è vento; **9.** fa caldo; **10.** fa freddo

Parole, parole, parole

Le stagioni
Questo box può essere presentato subito dopo il punto **5.a** in modo da far abbinare il tempo atmosferico alla stagione che più spesso viene ad esso associata a seconda del paese di provenienza degli studenti e proporre un confronto con l'Italia.

 PARLARE Le mie vacanze

Obiettivo: sviluppare la produzione libera orale facendo domande e rispondendo a quelle di un compagno sulle proprie vacanze estive.

Procedimento: invitare gli studenti a pensare alla loro ultima vacanza e/o a tutto ciò che hanno fatto durante la chiusura della scuola. Formare delle coppie e invitare ciascuno studente a ottenere la maggior quantità possibile di

informazioni su come ha passato le vacanze il suo compagno. Procedere tenendo presente quanto indicato nell'introduzione circa le attività di produzione orale. Dare 25-30 minuti di tempo. **VARIANTE 1:** per stimolare ulteriormente la conversazione, chiedere agli studenti di portare foto o oggetti relativi alle loro ultime vacanze (souvenir, regali, ecc.). **VARIANTE 2:** chiedere agli studenti di portare delle foto relative all'ultima vacanza trascorsa. Far preparare agli studenti in coppie una presentazione di massimo 3-4 minuti della loro vacanza (se si dispone dell'attrezzatura necessaria, le foto possono essere proiettate durante la presentazione). Si tenga presente che in questo caso si tratterà della realizzazione di un monologo, anche se la preparazione avviene in coppia.

7 ANALISI LESSICALE **Avverbi e segnali discorsivi**

cd 3

Obiettivo: acquisire espressioni di alta frequenza nella lingua parlata (avverbi e segnali discorsivi).

Procedimento: far completare la trascrizione con le parole elencate sotto la voce *Espressione*. Chiarire che la trascrizione corrisponde a una parte del dialogo già ascoltato per intero al punto **4**. Far riascoltare più volte la **traccia 3**. Procedere con un confronto a coppie e risolvere eventuali dubbi residui. Invitare poi gli studenti a osservare le parole inserite nel contesto d'uso per poterle abbinare al rispettivo *Significato*. Dare 15 minuti di tempo. Procedere con un confronto a coppie e rispondere a eventuali domande.

Soluzione: mai/in nessuna altra occasione, poi/inoltre, devo dire/ammetto, senti/ascolta, *peccato che/sfortunatamente*, proprio/per niente, persino/anche, purtroppo/sfortunatamente, veramente/molto, di preciso/esattamente

Come funziona?

Avverbi e passato prossimo
Far notare le frasi con la struttura grammaticale in oggetto presenti al punto **7** e chiedere agli studenti di formulare delle ipotesi sulla posizione dell'avverbio con il passato prossimo. Mostrare poi il box.

8 PARLARE *Hai mai...?*

Obiettivo: favorire lo scambio di informazioni su esperienze passate; esercitare la struttura grammaticale in oggetto (avverbi e passato prossimo) in una produzione orale controllata.

Procedimento: questa attività andrebbe svolta dopo che è stato mostrato il box sugli avverbi e il passato prossimo. Prima di cominciare, chiarire il significato che acquista l'avverbio *mai* nelle domande date come esempio. Formare delle coppie. Invitare ciascuno studente a pensare a cose che il suo compagno potrebbe aver/non aver fatto in passato e chiedergli di scrivere minimo cinque domande (non esiste un numero massimo). Indicare un numero minimo permette ai meno veloci di avere comunque un numero ragionevole di domande da porre e di determinare la fine della scrittura nel momento in cui tutti hanno raggiunto la quota indicata. Sistemare gli studenti uno di fronte all'altro e invitarli a porsi a turno le domande, come nell'esempio.

9 GIOCO **Una lunga giornata di scuola**

Obiettivo: fissare formule, lessico, elementi di conversazione e contenuti culturali che dovrebbero costituire il bagaglio di conoscenze acquisito fino a questo momento dallo studente.

Procedimento: portare in classe alcuni dadi. Far seguire le consegne e distanziare sufficientemente i gruppi, in modo che non si disturbino tra loro. Far scegliere a ogni studente una pedina (un oggetto che ha addosso o nello zaino, il tappo di una penna, una monetina, ecc.) e dare via al gioco. L'insegnante rimane a disposizione per qualunque dubbio. Se si preferisce che gli studenti lavorino su un tabellone vero e proprio, è possibile scaricare il PDF a colori dal sito di ALMA Edizioni dopo essersi registrati (www.almaedizioni.it, vedi minisito dedicato a *Parla con me*, vai in *Parla con me 2*, poi in *Attività*).

Soluzione: qui di seguito figurano esclusivamente le soluzioni non soggettive: **5.** *Ieri* sono tornato/a *a casa alle* due e un quarto.; **9.** Lidia e Guido stanno studiando da questa mattina.; **12.** sempre, spesso, qualche volta, quasi mai, mai; **21.** Ieri sono andato al concerto con Matteo.; **25.** i gli studenti, nel nell'aula

Lavoro o svago?

comunicazione	grammatica	lessico	testi scritti e *orali*	scheda culturale
● ordinare al bar ● indicare come e dove si trascorre il tempo libero ● rispondere a un annuncio di lavoro ● progettare un centro di aggregazione giovanile	● i pronomi diretti ● il *ci* locativo	● il lavoro giovanile ● il gelato ● espressioni per ordinare al bar ● i locali della ristorazione ● i prodotti del bar ● i luoghi di ritrovo dei giovani ● formule di apertura e chiusura di lettere formali	● due articoli sui giovani e i loro luoghi di ritrovo ● *dialogo in una gelateria tra una cameriera e una cliente*	● Caffè per tutti i gusti (tipi di caffè e usanze al bar)

1 INTRODUZIONE Primi lavori

Obiettivo: ampliare il lessico inerente ai mestieri e le conoscenze relative ai lavori occasionali svolti dagli adolescenti italiani.

Procedimento:

1.a chiedere agli studenti se hanno mai lavorato durante le vacanze estive o in altre occasioni e trascrivere alla lavagna i tipi di lavoro svolti (eventualmente da coetanei loro amici). Spiegare il significato dei lavori presentati nell'attività e far seguire le consegne. Accertarsi che la soluzione a fondo pagina sia ben coperta. Concludere con un confronto a coppie.

1.b Far confrontare le ipotesi formulate al punto precedente con la soluzione capovolta a fondo pagina. L'intera attività non supera i 10 minuti di durata.

Soluzione: vedi pagina 14.

Parole, parole, parole

Il lavoro occasionale (accessorio)

È questo un tipo di prestazione che si può svolgere in settori diversi, ma sempre con carattere saltuario e con una retribuzione non superiore ai 5.000 euro netti all'anno. Gli studenti possono svolgere lavoro occasionale accessorio con i seguenti limiti temporali:

- studenti universitari con meno di 25 anni in qualunque periodo dell'anno;
- studenti tra i 16 e i 25 anni iscritti a un ciclo di studi presso qualunque istituto scolastico, compatibilmente

con gli impegni scolastici, sabato o domenica e nei periodi di vacanza.

Si può utilizzare il box per proporre eventualmente una ricerca in internet a casa sul tema e in un incontro successivo mettere a confronto in plenum il sistema italiano e quello/quelli del paese di provenienza degli studenti.

2 ASCOLTARE Un incontro a sorpresa

cd 4/cd 5

Obiettivo: sviluppare la comprensione orale attraverso una conversazione semiformale tra un'adulta (cliente) e un'adolescente (cameriera) in un bar gelateria.

Procedimento:

2.a Annunciare agli studenti che ascolteranno una parte di dialogo (**traccia 4**) e dovranno cercare di capire che relazione intercorre tra gli interlocutori, senza curarsi di capire tutte le parole. Concludere con un confronto a coppie. Non fornire la soluzione, che sarà chiara alla fine dell'attività **2.b**.

2.b Dare qualche minuto per far leggere le varie opzioni, specificando che non tutte sono presenti nell'audio e che sarà necessario lavorare sul contenuto globale. Far ascoltare più volte l'audio completo (**traccia 5**) tenendo presente quanto indicato nell'introduzione circa le attività di comprensione orale. Concludere con un confronto a coppie, poi con una verifica in plenum per risolvere eventuali problemi.

Trascrizione `cd 5`

○ **Carlo:** Signorina, scusi!

○ **Arianna:** Mi dica.

○ **Carlo:** Può venire da noi, al nostro tavolo? Grazie, vorremmo ordinare.

○ **Arianna:** Cosa desidera?

○ **Carlo:** Allora, per me un granita...

○ **Licia:** Eh, no, un attimo, eh... Io sono seduta qui da un po' già e... sono arrivata prima di lei.

○ **Carlo:** Ah, be', non l'ho vista, scusi. Prego.

○ **Licia:** Eh! Ok, va bene.

○ **Arianna:** Buongiorno professoressa!

○ **Licia:** Ciao, e tu che ci fai qui?

○ **Arianna:** Ci lavoro!

○ **Licia:** Davvero? Ci lavori? Ma tutti gli anni?

○ **Arianna:** No, questo è il primo anno, ma credo di non tornare più.

○ **Licia:** Perché no?

○ **Arianna:** Perché è troppo faticoso.

○ **Licia:** Ti fanno lavorare tanto?

○ **Arianna:** Sì, dalle sette e trenta fino all'una e trenta.

○ **Licia:** Mamma mia! E al mare non ci vai?

○ **Arianna:** Sì, ci vado il pomeriggio, ma non... non molto spesso.

○ **Licia:** Hm, infatti, sei un po' bianca. Ma tua sorella lavora anche qui?

○ **Arianna:** No, mia sorella, eh, sta a casa.

○ **Licia:** Ah! Ehm... E chi li aiuta i tuoi?

○ **Arianna:** Mia sorella.

○ **Licia:** Ah, quindi...

○ **Arianna:** Li aiu... li aiuta nelle... nelle faccende.

○ **Licia:** Ah, sì, sì, sì, si, bene, bene. Tua cugina, quella...

○ **Arianna:** Quella straniera.

○ **Licia:** Sì, è venuta quest'anno?

○ **Arianna:** Sì, sì è ancora... È qua da... da...

○ **Licia:** Da un po'.

○ **Arianna:** Da un po', sì.

○ **Licia:** Ah, perché non... non ho visto nessuno. E comunque, me li saluti, ok? Mi saluti i tuoi...

○ **Arianna:** Sì, lei... voleva venire a casa sua per... però non ha avuto tempo. E i suoi figli come stanno?

○ **Licia:** A posto, a posto, tutti e due. Ormai crescono. Tu è da tanto tempo che non li vedi.

○ **Arianna:** Sì. Me li deve salutare.

○ **Licia:** Sì, sì, certo. Ok, senti, ascolta, ma... Quindi posso chiedere a te?

○ **Arianna:** Sì, cosa desidera?

○ **Licia:** Sì. Vorrei... Non lo so, avete granite?

○ **Arianna:** Sì, ci sono... Sono rimaste al pistacchio e al caffè.

○ **Licia:** Pistacchio e caffè. No, no. E al limone?

○ **Arianna:** No, no, mi dispiace, è finita.

○ **Licia:** Ah, niente limone. No, allora la granita non la prendo. Gelati?

○ **Arianna:** Sì, gelati ci sono di vari gusti.

○ **Licia:** Hm.

○ **Arianna:** Eh... Nocciola, pistacchio, fragola, caffè...

○ **Licia:** Caffè... Caffè no... Ehm, ma tra... pistacchio e fragola qual è migliore?

○ **Arianna:** Il pistacchio secondo me è più buono della fragola.

○ **Licia:** Allora lo prendo. E prendo pistacchio e cioccolato.

○ **Arianna:** Vuole... Vuole anche la panna?

○ **Licia:** La panna... No, no. Senza panna, grazie.

○ **Arianna:** Ok. Va bene. Glielo porto subito.

○ **Licia:** Grazie.

Soluzione: 2.a d. **2.b** b., d., f.

Parole, parole, parole

In gelateria

Mostrare il box e chiedere agli studenti che tipo di gelato mangiano di solito o si mangia nel loro paese, ampliando il lessico relativo ai vari gusti menzionati (numerose liste sono reperibili on line, come su www.centogusti.it).

 ANALISI FUNZIONALE Ordinare al bar

`cd 6`

Obiettivo: scoprire la funzione di alcune formule fisse adoperate per ordinare o prendere un'ordinazione.

Procedimento:

3.a invitare gli studenti a completare le due trascrizioni senza ascoltare l'audio (si tratta di un frammento della dialogo del punto **2.b**). Procedere con un confronto a coppie e infine far ascoltare la **traccia 6**. Risolvere in plenum eventuali problemi.

Lavoro o svago?

3.b Specificare che per trovare la funzione corrispondente è necessario osservare le formule nel contesto e che alcune espressioni (*scusi*, per esempio) possono avere funzioni differenti in altre situazioni. Spiegare che la colonna centrale indica in quale delle due conversazioni (una o entrambe) si trovano le formule che hanno la funzione indicata. Dare 10 minuti di tempo, far lavorare gli studenti singolarmente, procedere infine con un confronto a coppie. L'insegnante rimane a disposizione per risolvere eventuali problemi residui.

Soluzione: 3.a 1. *scusi*, Mi dica, Cosa desidera?, Allora, per me, Prego; **2.** Vorrei, avete, mi dispiace, prendo, Vuole, vuole, grazie. **3.b a.** *scusi*; **b.** mi dica, prego; **c.** cosa desidera?; **d.** mi dispiace; **e.** avete; **f.** grazie; **g.** allora, per me; vorrei, prendo; **h.** vuole

 ESERCIZI *Dove posso mangiare?*

Obiettivo: ampliare le conoscenze lessicali e culturali relative ai luoghi di ristoro tipici italiani.

Procedimento: dire agli studenti che dovranno procedere per esclusione e cercare di arrivare alla soluzione anche in base all'immagine. Per questa attività è possibile formare dei piccoli gruppi in modo che vengano condivise eventuali conoscenze parziali. Concludere con un plenum (a meno che ogni dubbio non sia stato sciolto grazie alla consultazione del dizionario o di siti web).

Soluzione: a./2./II; b./3./VI; c./5./V; d./4./I; e./1./IV; f./7./VII; g./6./III

 PARLARE *Ordiniamo!*

Obiettivo: sviluppare la produzione orale, riutilizzando in modo creativo lessico ed espressioni utili per ordinare, prendere ordinazioni, dare informazioni e indicare i propri gusti personali.

Procedimento:

5.a dividere gli studenti formando gruppi di tre (e un'eventuale coppia o un gruppo di quattro, se necessario) e invitarli a leggere il menù. L'insegnante gira tra i gruppi per rispondere a eventuali domande sui prodotti

indicati. Dare 10 minuti di tempo.

5.b Chiedere agli studenti di designare un cameriere all'interno di ogni gruppo. Raggruppare tutti i camerieri in un punto della classe e fargli seguire la loro consegna. Nel frattempo, anche i clienti leggono la propria consegna e si sistemano in modo da creare dei gruppi ben distanziati cui i camerieri possano avvicinarsi senza disturbarsi a vicenda. Ricordare ai clienti che dovranno chiedere il prezzo di ciascun prodotto per evitare di superare i 10 euro (non conoscono i prezzi al momento dell'ordinazione). Tenere presenti le indicazioni dell'introduzione circa la produzione orale immaginaria. Per rendere più verosimile il role-play gli studenti/camerieri terranno in mano un quaderno e una penna per segnare le ordinazioni e gli studenti/clienti terranno il libro come se fosse un menù. Dare 25-30 minuti di tempo. **VARIANTE:** dividere la classe in camerieri e clienti (i camerieri dovranno essere circa la metà dei clienti) e posizionarli in due punti distanti dell'aula. Dire ai clienti che sono stranieri e che hanno molta difficoltà a capire il menù. Devono quindi chiedere al cameriere spiegazioni sui prodotti indicati. Mentre i clienti organizzano lo spazio, i camerieri studiano il menù e chiedono eventuali chiarimenti all'insegnante. Procedere infine con il role play.

 LEGGERE *Dove ci vediamo?*

Obiettivo: sviluppare la comprensione scritta mediante brevi testi espositivi sui principali luoghi di ritrovo degli adolescenti italiani oggi e in passato.

Procedimento:

6.a invitare gli studenti ad abbinare le parole alle immagini e procedere con una verifica in plenum.

6.b In coppia gli studenti cercano di immaginare quali siano, tra quelli indicati al punto precedente, i luoghi di ritrovo preferiti dai ragazzi italiani. Dare 10 minuti di tempo senza fornire soluzioni.

6.c Far leggere i due testi individualmente (qui gli studenti troveranno la soluzione al punto precedente). Tenere presenti le indicazioni fornite nell'introduzione sulle attività di lettura. Avviare un confronto a coppie e proseguire con un cambio di coppia per un'ulteriore verifica.

6.d Gli studenti, individualmente, cercano nei due testi precedenti le parole corrispondenti alle definizioni. Procedere con un confronto a coppie, infine in plenum.

6.e Far seguire le consegne spiegando che non è necessario capire tutte le parole dei due testi per poter svolgere il compito. Concludere con un confronto a coppie e infine risolvere eventuali dubbi residui.

Soluzione: 6.a 1. cortile; 2. centro commerciale; 3. *palestra*; 4. biblioteca; 5. sala giochi; 6. bar. **6.b** (soluzione indicata nei testi al punto **6.c**) centro commerciale, discoteca, pub, multisala, sala videogiochi, piazza, palestra, musei; **6.d a.** cortile/muretto; **b.** vasche; **c.** scelta *di* nicchia; **d.** patrimonio culturale

7 ANALISI GRAMMATICALE **I pronomi diretti**

Obiettivo: scoprire le forme e la regola d'uso dei pronomi diretti di terza persona.

Procedimento:

7.a è opportuno ricordare agli studenti cos'è un pronome mediante qualche esempio. Invitare gli studenti a leggere singolarmente le parti di testo riportate e stabilire il significato dei pronomi grazie al contesto. Dopo 5 minuti procedere con un confronto a coppie, infine in plenum.

7.b Far seguire le consegne. Gli studenti lavorano individualmente, poi si confrontano a coppie. Alla fine l'insegnante risolve eventuali dubbi.

Soluzione: 7.a le → *partite di calcio*; lo → *visitare una biblioteca più volte al mese*; la → *biblioteca*; li → *i ragazzi*. **7.b maschile singolare** → lo; **maschile plurale** → li; **femminile singolare** → la; **femminile plurale** → *le*

Come funziona?

I pronomi diretti
Vedi la *Grammatica* a pagina 216 del libro di classe per ulteriori informazioni sui pronomi diretti. Evidenziare che i pronomi diretti hanno la stessa forma dei riflessivi salvo che alla terza persona.

8 PARLARE **Abitudini a confronto**

Obiettivo: sviluppare la produzione orale attraverso un confronto sull'impiego del proprio tempo libero e le proprie prime eventuali esperienze di lavoro.

Procedimento: invitare gli studenti a pensare a tutto ciò che fanno nel tempo libero quotidiano, alle persone che frequentano, ai luoghi che preferiscono. Chiedere se qualcuno usa/ha usato il proprio tempo libero per svolgere qualche lavoretto part-time. Formare delle coppie e procedere tenendo presente quanto indicato nell'introduzione circa le attività di produzione orale. Dare minimo 20-25 minuti di tempo.

9 ANALISI GRAMMATICALE **Il pronome *ci***

Obiettivo: scoprire la regola d'uso e il significato del *ci* locativo.

Procedimento:

9.a Specificare che la trascrizione si riferisce a una parte del dialogo ascoltato al punto **2**. Dare 10 minuti di tempo per far completare il testo singolarmente, procedere poi con un confronto a coppie e, infine, con l'ascolto della **traccia 7**.

9.b Far seguire la consegna singolarmente e dopo 5 minuti procedere con un confronto a coppie. L'insegnante rimane a disposizione per risolvere eventuali dubbi.

9.c Far svolgere l'attività singolarmente in base alla consegna. Dopo 5 minuti concludere con un confronto a coppie.

Soluzione: 9.a ci lavoro; è il primo anno ma, non tornare; *perché è troppo faticoso*; dalle sette e trenta fino all'una; ci vado il pomeriggio, molto spesso. **9.b** *1./a.*; *2./a.*; *3./d.*; *4./d.* **9.c** ci lavoro; ci lavori, ci vado; non ci vai

10 SCRIVERE **Cerco lavoro**

Obiettivo: sviluppare la produzione scritta attraverso la redazione di una breve lettera formale di richiesta di lavoro.

Procedimento:

10.a Far leggere le offerte di lavoro e risolvere eventuali dubbi sul significato delle stesse. Chiedere agli studenti di scegliere singolarmente il tipo di lavoro che preferirebbero svolgere.

10.b Dire agli studenti che dovranno scrivere una mail formale per ottenere il lavoro scelto e, poiché ci saranno sicuramente molte richieste, concentrarsi sulle caratteristiche/esperienze più utili e/o interessanti per il profilo indicato. Mostrare la scaletta da seguire e spiegare che il punto **c**. deve essere il più esaustivo possibile. Dare 25 minuti di tempo.

11 ESERCIZIO Pronomi diretti e possessivi

Obiettivo: fissare e ripassare le regole di funzionamento dei possessivi, del participio passato e dei pronomi diretti; mantenere vigile l'attenzione dello studente, che non conosce la scelta del compagno.

Procedimento: dare 5 minuti di tempo per la lettura delle due liste a destra, chiarire eventuali dubbi lessicali, poi fare un esempio in plenum per illustrare il funzionamento delle sostituzioni. È possibile scegliere dalle liste senza dover seguire un ordine prestabilito. Specificare che occorrerà prestare molta attenzione a ciò che dirà il compagno, poiché la scelta di ciascun studente influisce sulla risposta dell'altro. Formare delle coppie (Arianna e Licia) e far seguire la consegna.

Soluzione possibile (sorelle/tramezzini)

> **⊙ Arianna:** Le sue sorelle come stanno?
> **⊙ Licia:** Bene, bene. Tu è da tanto tempo che non le vedi.
> **⊙ Arianna:** Sì. Le deve salutare.
> (...)
> **⊙ Licia:** Vorrei... Non lo so, avete tramezzini?
> **⊙ Arianna:** Si, sono rimasti al tonno e al salame.
> **⊙ Licia:** No, no. E al formaggio?
> **⊙ Arianna:** No, no, mi dispiace/Sì, certo.
> **⊙ Licia:** No, allora il tramezzino non lo prendo./ Bene, allora lo prendo.

12 GIOCO Tris

Obiettivo: fissare le strutture grammaticali presentate nell'unità (*ci* locativo e pronomi diretti); riflettere sulla logica della costruzione linguistica e la coerenza del discorso.

Procedimento: assicurarsi che gli studenti conoscano le regole di funzionamento del tris (vince chi per primo occupa tre caselle contigue orizzontalmente, verticalmente, o in diagonale). Formare delle coppie. A turno uno studente sceglie una casella e prova a fornire una soluzione valida in un minuto. Se la soluzione è ritenuta corretta dal compagno, occupa la casella segnandovi una figura (i simboli classici sono **O** e **X**). L'obiettivo è riuscire a impadronirsi di tre caselle consecutive. La soluzione va ritenuta valida solo se linguisticamente logica e formalmente corretta (una sola delle due condizioni non è sufficiente). Fare un esempio in plenum di soluzioni accettabili o non valide. L'insegnante rimane a disposizione per risolvere eventuali dubbi. Specificare che non appena viene accettata una soluzione, anche se sbagliata, la casella è conquistata dall'avversario. Il gioco dura circa 20 minuti. **VARIANTE:** gli studenti provano a realizzare un tris singolarmente in 10 minuti. L'insegnante divide la classe in due squadre e spiega che ciascun gruppo dovrà selezionare le soluzioni migliori. Dare 15 minuti di tempo. Posizionare le due squadre una di fronte all'altra e dare loro un nome. A turno, uno studente della prima squadra chiede la soluzione di una data casella a uno studente della seconda. Lo studente avversario ha un minuto per rispondere e può essere aiutato dai propri compagni. Alla scadenza del tempo, la squadra avversaria accetta la soluzione o la contesta. In caso di disaccordo finale si può richiedere l'intervento arbitrale dell'insegnante. Se la soluzione è sbagliata, la casella "si libera" (torna in gioco) e può essere nuovamente selezionata. Vince la squadra che riesce a fare tris per prima.

Soluzione possibile:

⦿ Portiamo i libri di matematica domani? ⦾ **No, non li portiamo** perché **il professore è assente**.	⦿ Prendi l'autobus per venire a scuola? ⦾ Sì, lo prendo tutti i giorni.	⦿ Vieni a Perugia con noi in aprile? ⦾ Sì, **ci** vengo ma **solo per due giorni**.
⦿ **Mi piace molto il cinema: ci vado ogni sabato.** ⦾ Io non ci vado mai.	⦿ **Sono in ritardo! Porti tu la macchina dal meccanico?** ⦾ Va bene. La porto io.	⦿ Chiami Flavia e Marta per la festa? ⦾ No, non **le chiamo** perché **non le sopporto**.
⦿ **Domani arrivano i cugini di Francesco.** ⦾ È vero. Li possiamo invitare alla festa!	⦿ Siamo andati al cinema ieri sera. ⦾ **Ci siete stati** anche ieri?	⦿ **Quando vai a lezione di yoga?** ⦾ Ci vado il lunedì mattina.

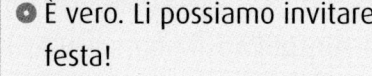 **PROGETTO FINALE Giovani imprenditori**

Obiettivo: stimolare lo studente a osservare il quartiere/la città in cui vive; stimare i costi e altre specifiche di un progetto complesso; favorire la collaborazione e l'integrazione di conoscenze, sensibilità ed esigenze differenti; lavorare in ambienti diversi (in strada, a casa, in classe); utilizzare differenti supporti; fare una presentazione fondata su dati numerici.

Procedimento: questo progetto va svolto in parte in classe e in parte all'esterno, pertanto la durata dipenderà dal numero di incontri settimanali e dal tempo a disposizione. Di seguito proponiamo due modalità.

Modalità 1

1° incontro: dividere gli studenti in gruppi, far leggere la consegna e dare 15 minuti di tempo per lo svolgimento del punto **a**. Far compilare una scheda con le caratteristiche stabilite dal gruppo e ritirarla (ciò permette al gruppo di ricordare a distanza le proprie scelte e di continuare a lavorare anche in caso di assenza di alcuni studenti). Invitare gli studenti a seguire in gruppo o in coppia le consegne del punto **b**. e portare le foto (o i disegni) all'incontro successivo.

2° incontro: riformare gli stessi gruppi e dare 20 minuti di tempo per lo svolgimento dei punti **c**. e **d**. Anche in que-sto caso, far compilare una scheda (da ritirare) in cui siano annotate tutte le decisioni prese. Chiedere ai membri di ciascun gruppo di dividersi i compiti del punto **e**.: a casa ogni studente farà una ricerca sui costi del servizio, o del materiale, o dell'oggetto da lui scelto (inserendo per esempio su Google "tariffa oraria+muratore" appaiono numerose risposte; per oggetti particolari si può effettuare una ricerca su e-bay o siti similari); il costo verrà comunicato all'incontro successivo.

3° incontro (in aula informatica): dare mezz'ora di tempo per la creazione della presentazione al computer (via Power Point, Paint Pro o altri software analoghi). Specificare che le diapositive dovranno essere semplici, leggibili, non sovraccariche di contenuti o immagini, né troppo variopinte. Indicare un numero massimo di diapositive da realizzare. Nel caso in cui gli studenti non fossero in grado di usare Power Point, l'insegnante potrà chiedere la collaborazione del docente di informatica e sfruttarne un'ora di lezione per portare avanti il progetto acquisendo nuove competenze informatiche. **VARIANTE:** se non si dispone di un'aula informatica, il tutto può essere realizzato in un cartellone, che gli studenti presenteranno alla classe come se stessero partecipando a una riunione d'azienda.

4° incontro: far esercitare gli studenti per la presentazione.

Ognuno di loro, a turno, dovrà commentare le diapositive. Dare 20 minuti di tempo e specificare che ogni presentazione dovrà durare massimo 5 minuti. L'immagine dell'edificio scelto può essere modificata creativamente usando un programma come Photoshop, oppure semplicemente aggiungendo colori e linee sull'immagine fotocopiata.

5° incontro: ciascun gruppo presenta il proprio progetto alla classe. Alla fine si procede alla votazione.

Modalità 2

1° incontro: dividere gli studenti in gruppi e distribuire delle foto di edifici che si trovano vicino alla scuola. Far eseguire il punto **a.**, **c.** e **d.** (sempre chiedendo ai vari gruppi di raccogliere dati in una scheda). Dare 20 minuti di tempo.

2° incontro: in aula informatica, far compiere le ricerche necessarie per svolgere il punto **e.** (vedi relativi suggerimenti forniti nella *Modalità 1, 2° incontro*). Dare 30 minuti di tempo. In mancanza di tempo, far svolgere il lavoro a casa, come indicato nella modalità precedente.

3° incontro: vedi *Modalità 1, 3° incontro*. **VARIANTE:** se non si dispone di un'aula informatica, il tutto può essere realizzato in un cartellone, che gli studenti presenteranno alla classe come se stessero partecipando a una riunione d'azienda. I prezzi possono essere stabiliti chiedendo a genitori e conoscenti, oppure intervistando i professionisti che vivono nel proprio quartiere.

4° incontro: ciascun gruppo presenta il proprio progetto alla classe. Alla fine si procede alla votazione.

Scheda culturale

Caffè per tutti i gusti

Obiettivo: scoprire la rilevanza culturale di un vero e proprio rito nazionale, nonché la varietà di gusti e consuetudini legate al caffè.

Procedimento:

1.a far seguire la consegna, procedere con un confronto a coppie e, infine, una verifica in plenum.

1.b invitare gli studenti a cercare di intuire l'abbinamento corretto in base alle immagini. Far seguire un confronto a coppie e una verifica in plenum. A questo punto di può avviare una breve discussione su quando in Italia si consumano più frequentemente i tipi di caffè indicati.

2 Formare delle coppie e far seguire la consegna.
VARIANTE PER CLASSI FUORI DALL'ITALIA: far fare un sondaggio per la scuola o in giro per il quartiere per vedere quanti conoscono/bevono le diverse tipologie di caffè indicate e quali eventuali altri prodotti sostituiscono al caffè nei momenti della giornata indicati al punto **1.a**.

Soluzione: 1.a 1., 2., 4., 5., 6. **1.b** 1. ristretto; 2. lungo; 3. al vetro; 4. macchiato, 5. shakerato; 6. corretto (con grappa o sambuca), 7. con panna

Una seconda possibilità

Riassunto: Sara, la protagonista della storia, è una liceale torinese che ama la fotografia e vorrebbe realizzare una mostra servendosi di immagini rubate alla strada dalla finestra della propria camera. Un giorno il suo sguardo si posa sulla libreria di fronte: la ragazza nota che l'anziano libraio, Mosè, sta chiudendo il negozio a un'ora insolita, lasciando nella libreria un misterioso cliente. Si tratta dello stesso uomo che poco prima l'ha quasi investita per strada.

Attività proposta: fornire agli studenti la fotocopia dell'episodio con le vignette vuote. Invitarli a immaginare chi siano i personaggi presentati nell'episodio, quale ruolo avranno per tutta la storia (buoni, cattivi, protagonisti, comparse, ecc.) e cosa stiano dicendo in ciascuna vignetta. Poi far leggere l'episodio con i dialoghi. La verifica definitiva di questa attività potrà essere svolta quando gli studenti conosceranno la storia completa.

comunicazione	grammatica	lessico	testi scritti e *orali*	scheda culturale
• parlare dei propri gusti in materia di danza • raccontare abitudini passate • descrivere le regole di buona educazione • descrivere una festa tradizionale • preparare una mappa delle rassegne di musica e danza in Italia	• l'imperfetto: uso/1 e forme regolari e irregolari (*avere, bere, dire, essere, fare*) • i pronomi diretti e i verbi modali • il *si* impersonale	• lo *streetwear* • il mondo dell'hip hop • balli italiani e non • antiche civiltà • i talent show musicali • *dare del tu/del Lei*	• articolo sull'hip hop in Italia • *intervista a ragazzi sui loro gusti musicali*	• Tradizioni in pista! (balli folcloristici italiani)

1 INTRODUZIONE **Stile hip hop**

Obiettivo: acquisire e condividere lessico relativo agli indumenti tipici dell'universo hip hop.

Procedimento: chiedere agli studenti se conoscono l'hip hop ed eventualmente far ascoltare pochi secondi di un brano appartenente al genere (preferibilmente in italiano). Invitarli a immaginare come sono vestiti i ragazzi che ballano questa musica e a scegliere gli indumenti più adatti tra quelli proposti. Concludere con un confronto a coppie, infine in plenum.

Soluzione: la soluzione è soggettiva. In plenum far vedere eventualmente alcuni video di rap tratti da YouTube per mostrare che l'abbigliamento può variare a seconda dei casi (sebbene alcuni indumenti siano più presenti di altri: cappello con visiera, felpa con cappuccio, sneaker, pantaloni a cavallo basso, t-shirt larga).

2 LEGGERE **La strada per ballare**

Obiettivo: sviluppare la comprensione scritta attraverso un breve articolo di costume sulla danza hip hop.

Procedimento:

2.a comunicare agli studenti che dovranno completare il testo con le frasi (una per ciascun punto) e il titolo elencati sotto. Far seguire la consegna tenendo presente quanto indicato nell'introduzione circa le attività di lettura. Dare 10 minuti di tempo per far scegliere l'opzione più logica, poi procedere con un confronto a coppie, infine una verifica in plenum.

2.b Far rileggere il testo precedente invitando gli studenti a ricavare il significato delle parole dal contesto. Procedere con un confronto a coppie. L'insegnante rimane a disposizione per eventuali dubbi.

2.c Dare 5 minuti per far leggere il manifesto e risolvere eventuali problemi di comprensione. Invitare gli studenti a rileggere il testo del punto **2.a** e a selezionare le informazioni contenute nel manifesto che concordano con il significato globale dell'articolo. Procedere con un confronto a coppie, risolvere infine eventuali dubbi.

Soluzione: 2.a 1./b.; 2./a.; 3./a.; **titolo/c. 2.b** 1./b.; 2./d.; 3./c.; 4./a.; 5./e. **2.c** a., b., c., d.

3 ESERCIZIO **Balli per tutti i gusti**

Obiettivo: ampliare il lessico relativo ai tipi di ballo diffusi in Italia; approfondire le conoscenze legate ai balli tradizionali italiani.

Procedimento: formare dei piccoli gruppi e dare 5 minuti di tempo per far seguire la consegna. Portare la classe in aula informatica e dare 10 minuti di tempo per far effettuare una breve ricerca sui vari tipi di ballo e i relativi nomi. Procedere con una verifica in plenum. Invitare poi gli studenti a verificare quali sono i balli tradizionali italiani dando loro 20 minuti di tempo per la ricerca in rete (possono vedere video su YouTube o portali analoghi). Concludere con un plenum. **VARIANTE:** se non si dispone di un'aula informatica, si possono portare in classe riviste, articoli e altro materiale sull'argomento.

Soluzione: *a. ballo liscio/ballo da sala;* **b.** danza del ven-

tre; **c.** danza classica; **d.** *pizzica*; **e.** modern jazz; **f.** tango; i balli tradizionali italiani sono la pizzica e il (ballo) liscio

4 PARLARE *Balli?*

Obiettivo: sviluppare la produzione orale attraverso un confronto sulle tradizioni del proprio paese legate al ballo e le proprie preferenze in materia.

Procedimento: invitare gli studenti a pensare a balli praticati nel loro paese (a cui possono non aver partecipato, o che gli sono stati descritti da parenti e amici); formare delle coppie posizionando gli studenti uno di fronte all'altro. Tenere presente quanto indicato nell'introduzione circa le attività di produzione orale. Dare 15 minuti di tempo, poi formare dei gruppi di 4 e invitare ciascuno studente a riferire quanto raccontato dal compagno.

5 ANALISI GRAMMATICALE **L'imperfetto**

Obiettivo: scoprire le regole d'uso e di formazione dell'imperfetto regolare e irregolare.

Procedimento:

5.a e **5.b** far seguire le consegne, procedere poi con un confronto a coppie.

5.c Invitare gli studenti a completare la tabella con i verbi all'imperfetto trovati nei due punti precedenti. Poi chiedergli di completare l'intera coniugazione usando la logica e osservando gli esempi presenti. Procedere infine con un confronto a coppie. L'insegnante rimane a disposizione per risolvere eventuali problemi.

5.d e **5.e** Far seguire la consegna individualmente invitando gli studenti a osservare il tempo verbale nel contesto. Procedere con un confronto a coppie e risolvere eventuali dubbi.

Soluzione: **5.a** *andava/andare*; prendeva/prendere; si fermava/fermarsi; aspettava/aspettare; usava/usare. **5.b** *avere*/aveva. **5.c andare:** andavo, andavi, *andava*, andavamo, andavate, andavano; **aspettare:** *aspettavo*, aspettavi, *aspettava*, aspettavamo, aspettavate, aspettavano; **usare:** usavo, usavi, *usava*, usavamo, *usavate*, usavano; **prendere:** prendevo, *prendevi*, *prendeva*, prendevamo, prendevate,

prendevano; **avere:** avevo, avevi, *aveva*, *avevamo*, avevate, avevano

5.d del passato. **5.e** si usa nelle descrizioni fisiche, psicologiche, atmosferiche; indica azioni ripetute, abitudini

Come funziona?

L'imperfetto dei verbi irregolari
Prima di far leggere il box si può dire agli studenti che alcuni verbi sono irregolari all'imperfetto e si può fornire loro la prima persona singolare chiedendogli di ricostruire le altre (la prima e la seconda persona plurale del verbo *essere* non sono però estrapolabili).

6 GIOCO **Usi e costumi di antiche civiltà**

Obiettivo: fissare la forma e uno degli usi dell'imperfetto; stimolare la curiosità verso civiltà antiche; favorire la conoscenza di elementi storicoculturali rilevanti.

Procedimento: formare delle coppie (studente A e B) e far aprire il libro rispettivamente a pagina 31 e 142. Dare 5 minuti di tempo per far osservare le caselle e risolvere eventuali problemi lessicali. Far seguire la consegna specificando che è compito di ciascuno studente verificare che l'abbinamento sia corretto, ma che in caso di disaccordo è comunque possibile chiederne conferma all'insegnante. Chiarire che le caselle possono essere conquistate solo se sia l'abbinamento che l'imperfetto sono corretti. Se l'abbinamento è sbagliato, l'insegnante non fornisce la soluzione, ma rimette in gioco le caselle. Appena la prima coppia ha finito, si può procedere a una breve verifica in plenum. **VARIANTE 1:** l'insegnante consegna allo studente A le soluzioni dello studente B e viceversa (le soluzioni possono essere riportate su un foglio stampato e fotocopiato). In tal caso al termine dell'attività non sarà necessaria la verifica in plenum e l'insegnante si limiterà a risolvere eventuali dubbi residui. **VARIANTE 2:** gli studenti vengono divisi in squadre. A ogni squadra viene data una fotocopia che riporta sia le caselle dello studente A che quelle dello studente B. A turno uno studente della prima squadra indica la casella che corrisponde a una civiltà; lo studente della squadra

avversaria deve abbinarla correttamente entro un minuto, con l'aiuto della propria squadra. L'insegnante interviene nel caso in cui le squadre non riescano a pronunciarsi sulla correttezza dell'abbinamento o della forma verbale. Vince la squadra che conquista più caselle.

Soluzione: studente A: *1./e Gli antichi romani* **costruivano** *acquedotti.*; **2./a.** La civiltà maya **studiava** l'astronomia.; **3./f.** Gli antichi greci **erano** grandi matematici.; **4./c.** Gli antichi egizi **bevevano** birra.; **5./d.** I vichinghi **seppellivano** i morti nelle navi.; **6./b.** L'antica civiltà cinese **usava** la carta. Studente B: **1./f.** *Gli antichi romani* **facevano** *giochi con animali feroci.*; **2./e.** La civiltà maya **costruiva** templi a piramide.; **3./b.** Gli antichi greci **organizzavano** le olimpiadi.; **4./d.** Gli antichi egizi si **tatuavano.**; **5./c.** I vichinghi **veneravano** il Dio Odino.; **6./a.** L'antica civiltà cinese **usava** la polvere da sparo.

7 PARLARE *Come ero e come sono*

Obiettivo: sviluppare la produzione orale, mettendo a confronto la propria condizione e le proprie abitudini con quelle del passato.

Procedimento: fare un esempio personale raccontando come si è cambiati nel tempo rispetto a quando si era bambini. Invitare gli studenti a pensare a quante cose sono cambiate (o no) dalla loro infanzia (abitudini, gusti, frequentazioni, affetti, ecc.). Formare delle coppie, far seguire la consegna e tenere conto di quanto indicato nell'introduzione circa la produzione orale reale. Dare 30 minuti di tempo.

Ti ricordi?

I pronomi diretti
Obiettivo: fissare la regola d'uso dei pronomi diretti di terza persona introdotti nell'unità precedente.
Procedimento: far seguire la consegna tenendo presente quanto indicato nell'introduzione circa le attività di ripasso.
Soluzione: la; La; *lo*; li; La; lo; la; le; le; lo; la

Come funziona?

I pronomi diretti con i verbi modali
Invitare gli studenti a trovare nell'attività di ripasso la frase in cui appare un pronome insieme a un verbo modale (*La devi conoscere di persona*). Chiedergli di immaginare in quale altra posizione si potrebbe inserire il pronome, poi mostrare il box. Far notare che la regola vale per i pronomi di tutte le persone.

8 ASCOLTARE **La musica e i giovani**
cd 8/cd 9

Obiettivo: sviluppare la comprensione orale attraverso l'ascolto di un sondaggio realizzato tra adolescenti sul tema della musica.

Procedimento:

8.a dare 5 minuti di tempo per far seguire la consegna; ogni studente si confronta col compagno di banco.

8.b Annunciare che si ascolterà un brano audio (**traccia 8**) privo di alcune parti e che in corrispondenza di tali "lacune" si sentirà un "bip". Dare 5 minuti di tempo e far seguire la consegna. Concludere con un confronto a coppie.

8.c Far ascoltare il brano competo (**traccia 9**) più volte alternandolo con vari confronti a coppie e tenendo presente quanto indicato nell'introduzione circa le attività di comprensione orale.

8.d Far seguire la consegna e procedere poi con un confronto a coppie. L'insegnante rimane a disposizione per eventuali dubbi.

Trascrizione cd 9

○ **Katia:** Che musica ascolti?
◉ **Simone:** Eh, ascolto musica molto varia, diciamo più americana. Eh... Vado più per... canzoni, cioè per brani che non per artisti.
○ **Katia:** Musica italiana?
◉ **Simone:** Musica italiana poco, non so, Articolo 31, e...Vasco Rossi...
○ **Katia:** Che musica ascolti?
◉ **Giulia:** Anch'io ascolto musica abbastanza varia, eh... Ascolto soprattutto musica italiana.
○ **Katia:** Canzoni italiane o musica straniera?

Segui il ritmo!

Giulia: Eh, meglio la straniera.

Katia: Per esempio?

Giulia: Eh... Inglese, americana...

Katia: E cosa pensi dei programmi come "Amici" o "X Factor" e Sanremo?

Simone: No, non mi piacciono. Troppo commerciali.

Giulia: Eh, io non li seguo, penso che siano un po'... superficiali.

Alice: Io invece li vedo, però... non sempre.

Katia: Quale ti piace di più?

Alice: Eh, "Amici".

Katia: Perché?

Alice: Perché si canta, si balla, si recita, si fa un po' di tutto.

Piero: Li odio questi programmi.

Katia: Perché?

Piero: Perché... la musica è veramente di livello basso.

Katia: E tu che tipo di musica ascolti?

Piero: Musica italiana, ma di qualche anno fa.

Katia: Che genere preferisci?

Piero: Eh... Pop.

Giulia: Rock, oppure anche pop, country.

Alice: Pop.

Silvia: Ascolto principalmente il rock e il pop.

Katia: Quando ascolti la musica?

Alice: Be', quasi sempre, quando vado in macchina, quando sto per addormentarmi...

Giulia: Ehm... Anch'io quando magari... devo andare da qualche parte, con l'iPod, l'mp3...

Simone: Quando sto da solo, in macchina...

Katia: Mentre studi?

Simone: No, mentre studio, no.

Silvia: Principalmente quando sono sola.

Piero: Sì, anch'io quando sto a casa o anche nell'iPod.

Katia: La tua canzone preferita italiana?

Simone: Non so... Eh... "A te" di Jovanotti.

Laura: "Immorale" di J-Ax.

Piero: Hm, "Il cielo è sempre più blu" di Rino Gaetano.

Alice: Non ho un tipo di canzone preferita, mi piacciono un po' tutte.

Soluzione: **8.c** c 1./b.; 2./b.; 3./b.; 4./a.; 5./a.; 6/b.; 7./b. **8.d** 3.

Parole, parole, parole

"Amici" e "X Factor"

Chiedere agli studenti se sanno cos'è un talent show e se ne seguono qualcuno in particolare. Mostrare il box ed eventualmente proporre la visione di due brevi video tratti dai programmi descritti. I relativi siti ufficiali sono: www.mariadefilippi.mediaset.it/amici e http://xfactor.sky.it. Su YouTube sono comunque disponibili numerose clip sulle scorse edizioni o quelle in corso.

9 ANALISI GRAMMATICALE Il *si* impersonale

cd 10

Obiettivo: scoprire le regole di formazione e d'uso del *si* impersonale.

Procedimento:

9.a specificare che il dialogo da riordinare è tratto dall'audio già ascoltato per intero al punto **8**. Far seguire la consegna, procedere poi con un confronto a coppie, infine con l'ascolto dell'estratto (**traccia 10**).

9.b Invitare gli studenti a osservare la frase evidenziata nel contesto, poi far seguire la consegna. Passare al punto successivo.

9.c Far leggere la regola e completare gli esempi del box. Procedere con un confronto a coppie su questo punto e quello precedente, poi risolvere eventuali dubbi.

Soluzione:

9.a

> **1. Katia:** E cosa pensi dei programmi come "Amici" o "X Factor" e Sanremo?
>
> **2. Simone:** No, non mi piacciono. Troppo commerciali.
>
> **3. Giulia:** Eh, io non li seguo, penso che siano un po'... superficiali.
>
> **4. Alice:** Io invece li vedo, però... non sempre.
>
> **5. Katia:** Quale ti piace di più?
>
> **6. Alice:** Eh, "Amici".
>
> **7. Katia:** Perché?
>
> **8. Alice:** Perché si canta, si balla, si recita, si fa un po' di tutto.

9.b a. **9.c** si balla; si ballano

10 PARLARE **Paese che vai, regole che trovi**

Obiettivo: sviluppare la produzione orale attraverso un confronto sulle regole di buona educazione del proprio paese o di un paese noto.

Procedimento: fare alcuni esempi di regole culturalmente condivise sul comportamento da tenere in società (in Italia e nel paese di provenienza degli studenti). Specificare chiaramente che nessuna regola ha più valore di altre, ma che ognuna diventa particolarmente importante nel contesto culturale di cui fa parte. Far seguire la consegna tenendo presente quanto indicato nell'introduzione circa le attività di produzione orale reale. Dare circa 30 minuti di tempo. Nota bene: malgrado la presenza dell'esempio, gli studenti sono liberi di formulare il loro pensiero liberamente, senza utilizzare necessariamente il *si* impersonale.

Parole, parole, parole

Dare del tu, dare del Lei
Chiedere agli studenti se nel loro paese esiste un modo rispettoso (linguistico o di altra natura) di rivolgersi alle persone in funzione della loro età, del loro stato sociale, del contesto, del grado di confidenzialità, ecc.; raccogliere le risposte alla lavagna. Mostrare il box e domandare in che momento è possibile, secondo loro, passare dal *Lei* al *tu*. Avviare un confronto interculturale.

11 SCRIVERE **Una festa tradizionale del mio paese**

Obiettivo: sviluppare la produzione scritta attraverso un testo descrittivo su una festa tipica del proprio paese.

Procedimento: fornire un esempio relativo a una festa tradizionale della propria zona d'origine, poi far seguire le consegne. Dare 30 minuti di tempo. Evidenziare che andranno descritti riti, manifestazioni e comportamenti condivisi dall'intera comunità e non limitati alla sola esperienza personale. **VARIANTE:** nel caso in cui gli studenti non avessero informazioni sull'argomento, si può proporre una breve ricerca in internet o un'intervista a familiari e amici, prima della scrittura.

12 PROGETTO FINALE **La mappa delle manifestazioni di musica e di danza in Italia**

Obiettivo: ampliare le conoscenze relative a manifestazioni culturali italiane regionali; sviluppare la comprensione di articoli informativi sull'argomento; favorire la collaborazione e l'immaginazione attraverso la creazione di una presentazione collettiva che integri codici diversi.

Procedimento: i tempi e le modalità di svolgimento possono essere variabili e dipendere dal tempo a disposizione. Vengono proposte di seguito due modalità.

Modalità 1

a. Formare dei gruppi. Ogni gruppo sceglie una regione italiana. Portare la classe in aula informatica e dare 30 minuti di tempo per fare svolgere la ricerca. Far in modo che ci siano non più di tre studenti per postazione. In caso di gruppi numerosi (multipli di tre), i vari membri dovranno decidere su cosa concentrarsi (un sottogruppo lavorerà sulla musica, un altro sulla danza, ecc.). Avviare la ricerca specificando che non si avrà il tempo di guardare tutte le manifestazioni culturali: se ne dovrà scegliere una in particolare.

b. Chiedere ai gruppi di decidere che tipo di materiale allegare alla presentazione (foto, video, musica) e ridistribuire gli studenti davanti alle postazioni di prima. Dare 30 minuti di tempo.

c. Far seguire la consegna specificando che i testi prodotti dovranno essere sintetici, creativi e originali. Dare un'ora di tempo.

d. La presentazione deve durare al massimo 10 minuti. Alla fine i Power Point possono essere pubblicati sul sito della scuola, o lasciati a disposizione degli altri studenti. Eventuali cartelloni, depliant, ecc. si possono appendere ai muri dell'aula.

Modalità 2 (se non è disponibile un'aula informatica)

a. e **b.** L'insegnante porta in classe vari articoli informativi relativi a importanti eventi culturali regionali italiani. Formare dei gruppi. Ogni gruppo sceglie una regione. Gli studenti hanno 30 minuti di tempo per studiare gli articoli messi a disposizione.

c. Invitare gli studenti a creare dei testi originali e dei disegni da abbinare agli articoli, usando la fantasia. Dare 30 minuti di tempo per preparare la presentazione su un car-

Segui il ritmo!

tellone (o un volantino). **VARIANTE:** gli studenti dei vari gruppi si dividono i compiti e a casa cercano/producono il materiale occorrente da inserire nella presentazione, da portare in classe in un incontro successivo.

d. Ogni gruppo presenta il proprio lavoro. La presentazione deve durare al massimo 10 minuti. Alla fine tutti i lavori vengono esposti in classe e gli studenti circolano liberamente per leggerli e osservarli.

Manifestazioni di musica e danza in Italia

Tra le manifestazioni più note in Italia ricordiamo l'Umbria Jazz, numerosi Festival (Eurojazz Festival d'Ivrea, il Festival internazionale di Bande Musicali di Giulianova, il Concerto del Primo maggio e il Romaeuropa Festival a Roma, il Calendimaggio in varie regioni italiane, il Festival Internazionale del Sassofono di Faenza, l'Estadanza delle Marche, la Notte Rosa romagnola, il Ferrara Buskers Festival) e molti altri eventi, tra cui quelli indicati nella pagina culturale.

Scheda culturale
Tradizioni in pista!

Obiettivo: acquisire nuove conoscenze sulle tradizioni di ballo diffuse nel Nord e nel Sud Italia attraverso brevi articoli informativi; ampliare le suddette conoscenze mediante una ricerca di materiale audio e video.

Procedimento:

(1) far seguire la consegna, procedere poi con un confronto a coppie, infine in plenum. Chiarire eventuali dubbi residui.

(2) Far seguire la consegna (dare massimo 30 minuti di tempo). Proporre poi una votazione sui balli che sono piaciuti maggiormente. Se non si dispone di computer connessi alla rete, si possono portare in classe immagini da abbinare ai generi citati negli articoli.

Soluzione: 1 a. *tarantella, pizzica*; **b.** ballo liscio; **c.** pizzica; **d.** / ballo liscio; **e.** ballo liscio; **f.** ballo liscio; **g.** tarantella; **h.** tarantella; **i.** pizzica; **l.** ballo liscio; **m.** pizzica

Una seconda possibilità

Riassunto: a scuola Sara racconta a Claudio, un suo caro amico, che vorrebbe realizzare una mostra di fotografie intitolata "Dalla mia finestra". Il progetto lascia il ragazzo perplesso, ma Sara riesce a incuriosirlo facendo riferimento a un certo mistero. Claudio va a casa della ragazza per scoprire di che si tratta: secondo Sara ci sono persone che entrano nella libreria di Mosè senza uscirne mai più. Cosa accadrà alla donna che sta entrando proprio in questo istante?

Attività proposta: far leggere le prime cinque vignette del fumetto, poi chiedere agli studenti: "Sara è insospettita dal libraio. Che cosa può succedere di misterioso in una libreria?". Raccogliere le ipotesi e mostrare poi le ultime due vignette. Chiedere alla classe se i sospetti di Sara sembrano fondati e se hanno mai visto accadere cose strane in città. Formare dei gruppi e avviare un confronto.

FaCciamo feSta!

comunicazione	grammatica	lessico	testi scritti e *orali*	scheda culturale
• parlare di feste tradizionali • descrivere i giochi praticati dai giovani • raccontare un compleanno • raccontare un'esperienza indimenticabile • descrivere un profilo psicologico • organizzare una festa interculturale	• il passato prossimo e i pronomi diretti • usi del passato prossimo e dell'imperfetto • il *che* relativo	• decorazioni e cibi da festa • i negozi dove fare la spesa • *vorrei/vorresti, mi/ti piacerebbe* • gli auguri • *mancare* • *quattro gatti, un sacco di, pure* • i nomi femminili con l'articolo determinativo • aggettivi di personalità	• post sul compleanno più bello • test: regali e personalità • *dialogo tra amici che organizzano una festa a sorpresa*	• Feste e festeggiamenti (festività religiose e laiche)

 INTRODUZIONE *Quando si festeggia?*

Obiettivo: introdurre informazioni temporali e lessico relativi alle principali feste italiane; metterle a confronto con quelle più importanti celebrate nel proprio paese.

Procedimento:

1.a premettere che è stata fatta una selezione delle festività religiose e laiche più conosciute. Formare dei gruppi e invitarli ad abbinare feste e date corrispondenti. Concludere con una verifica in plenum e l'eventuale spiegazione di una o più festività (vedi anche la pagina culturale dell'unità). Le due foto si riferiscono rispettivamente al presepe in Piazza San Pietro a Roma e al Carnevale di Viareggio.

1.b Formare delle coppie e far seguire le consegne. Concludere con un confronto in plenum.

Soluzione: *1./f.; 2./l.; 3./h.; 4./m.; 5./i.; 6./d.; 7./g.; 8./e.; 9./c.; 10./b.; 11./a.*

 **ASCOLTARE Una festa a sorpresa**

cd 11/cd 12

Obiettivo: sviluppare la comprensione orale attraverso una conversazione informale tra tre amici; ampliare il lessico relativo ai cibi e alle decorazioni da festa.

Procedimento:

2.a e **2.b** far seguire le consegne e far ascoltare la **traccia 11** tenendo presente quanto indicato nell'introduzione circa le attività di comprensione orale. Dare 10 minuti di tempo. Alla fine di ciascuna attività avviare un confronto a coppie. Procedere all'ascolto della **traccia 12** (dialogo completo) solo dopo che tutte le coppie

avranno completato l'attività **2.a**. Concludere con la risoluzione in plenum di eventuali dubbi.

Trascrizione cd 12

> ○ **Guido:** Oh, finalmente siete arrivati! Avete preso tutto?
>
> ● **Gioele:** Allora, io sono stato nel reparto di bibite, ho preso la Coca Cola, Fanta, quello che c'era ho preso.
>
> ● **Brando:** I bicchieri li ho comprati io e anche le patatine.
>
> ● **Gioele:** E... Sentite: i piatti, le posate, cose varie?
>
> ○ **Guido:** I piatti e le posate li ha presi Giulio.
>
> ● **Gioele:** E la torta?
>
> ○ **Guido:** Eh, la torta l'ho ordinata io: crema e cioccolato, sono i gusti che piacciono al festeggiato, no?
>
> ● **Gioele:** Sì.
>
> ○ **Guido:** Ne ho ordinate cinque per... essere sicuri che bastino per tutti.
>
> ● **Gioele:** Mmm.
>
> ● **Brando:** E il film, chi lo va a prendere?
>
> ● **Gioele:** Eh... Lo vado a prendere io dopo. Cosa volete?
>
> ● **Brando:** Pensavo a "Saw l'enigmista".
>
> ● **Gioele:** Va bene.
>
> ● **Brando:** Le candele chi le ha prese?
>
> ○ **Guido:** Eh, Brando, le dovevi prendere te!
>
> ● **Brando:** Ah, sì, è vero, le ho prese io, le ho prese io!
>
> ● **Gioele:** E per la musica?
>
> ○ **Guido:** Be', l'anno scorso la tecno non piaceva a nessuno, quindi quest'anno penso che proporremo del metal.
>
> ● **Gioele:** Hm. Quindi, mmm... Abbiamo tutto?

Ci manca qualcosa?

○ **Guido:** Eh... Possibilmente vediamo di non finire come alla festa dell'altra volta.

● **Gioele:** Perché?

○ **Guido:** L'altra volta eravamo quattro gatti, c'era un sacco di gente antipatica, non c'era neanche una ragazza e c'erano pure i nostri genitori.

● **Gioele:** Mmm. Quindi... Per le ragazze chi ci pensa?

○ **Guido:** Se non mi sbaglio, te conosci qualche ragazza molto carina nel settore di moda.

● **Gioele:** Sì. Eh... Intendi l'Agnese, la Chiara, l'Emma e la Matilde?

○ **Guido:** Sì.

● **Gioele:** Sì, posso sentire se sono libere. Te ti fidi?

○ **Guido:** Sì, sì, mi fido, mi fido.

● **Gioele:** Mmm... Prendiamo qualche gioco tipo gioco di.. Non so... Gioco della bottiglia, cose varie?

○ **Guido:** Eh, perché no?

● **Gioele:** Ok. Eh, quindi... Ci sentiamo stasera.

○ **Guido:** Va bene.

● **Brando:** Dove ci ritroviamo?

○ **Guido:** Be', ci ritroviamo a casa di Pippo, no?

● **Gioele:** Sì, però, giustappunto per le persone invitate come si fa, perché... Chi le chiama? Chi.. le sentirà...

● **Brando:** Eh, posso chiamarle io, faccio una lista degli invitati e le chiamo io.

○ **Guido:** Penso che quest'anno escluderemo un gruppo che l'anno scorso non stava simpatico a nessuno

● **Gioele:** Hm. Ok.

● **Brando:** E a che ora ci ritroviamo?

○ **Guido:** Be', alle nove di sera.

● **Gioele:** Va bene.

○ **Guido:** A casa del festeggiato.

● **Gioele:** Va benissimo.

○ **Guido:** Allora, ci si vede.

● **Gioele:** Ok.

○ **Guido:** Ciao.

● **Gioele:** Ciao.

● **Brando:** Ciao.

Soluzione: 2.a torta, bicchieri, piatti, candeline, bibite, patatine, posate. **2.b 3./f.; 5./a.**

3 PARLARE Un mondo di giochi

Obiettivo: sviluppare la produzione orale e le capacità descrittive rispetto a procedure, regolamenti, obiettivi di giochi.

Procedimento: fare qualche esempio di giochi di società molto amati in Italia e legati ad eventi particolari (per esempio: il gioco della bottiglia citato nella **traccia 12** durante una festa, o la tombola a Natale); spiegarne il funzionamento accuratamente. Formare delle coppie e far seguire la consegna. Dare 30 minuti di tempo.

GIOCO Il negozio giusto

Obiettivo: ampliare il lessico relativo agli esercizi commerciali e al tipo di prodotti venduti.

Procedimento: dare 5 minuti di tempo per far seguire la consegna, procedere poi con un confronto a coppie e una verifica in plenum. Specificare che alcuni negozi possono essere associati a più prodotti (e viceversa) e che altri non vendono nessuno dei prodotti elencati. Eventualmente chiedere di immaginare altri prodotti in vendita nei luoghi indicati.

Soluzione: a. alimentari; **b.** alimentari; **c.** alimentari, cartoleria, tabaccheria; **d.** cartoleria; **e.** alimentari; **f.** forno/panetteria/panificio, alimentari; **g.** alimentari; **h.** alimentari; **i.** *pasticceria*; la *frutteria*/il *negozio di frutta e verdura* e l'*edicola* non sono associati ad alcun prodotto

Parole, parole, parole

Alla fine dell'attività **4** far notare che, oltre all'alimentari, anche i classici supermercati vendono un'ampia gamma di prodotti. Spiegare la differenza tra gli uni e gli altri ed eventualmente menzionare gli ipermercati presenti nei grandi centri commerciali, spesso in quartieri periferici.

5 ANALISI GRAMMATICALE Passato prossimo e pronomi

Obiettivo: scoprire la regola di funzionamento del participio passato in presenza di un pronome diretto.

Procedimento:

5.a specificare che le frasi sono estratte dal dialogo già ascoltato (**traccia 12**) e che vanno ricomposte in base a criteri di logica e coerenza. Far svolgere l'attività individualmente in 5 minuti, procedere poi con l'ascolto.

5.b Far seguire la consegna, procedere poi con un confronto a coppie. Passare al punto successivo senza fornire la soluzione.

5.c Far seguire la consegna, poi invitare gli studenti a verificare il punto precedente. Dare 5 minuti di tempo. Concludere con un confronto a coppie e risolvere eventuali dubbi.

Soluzione: 5.a 1./c.; 2./a.; 3./e.; 4./b. **5.b** e. **5.c prima del**

Come funziona?

Far notare al punto **5.a** la frase numero **3.** e specificare che soltanto il pronome singolare può essere apostrofato. Fare un paio di esempi per chiarire.

6 GIOCO *Chi l'ha preso?*

Obiettivo: fissare la regola dell'accordo tra pronome diretto e participio passato; ampliare il lessico relativo agli oggetti nelle immagini.

Procedimento: formare delle coppie e far seguire la consegna. Lo studente che fa la domanda deve chiudere il libro subito dopo aver assegnato (o meno) il/i punto/i. I due giocatori si alternano. Fornire alla classe due esempi di punto non assegnato, uno per errore grammaticale, l'altro per soluzione data. Il tempo totale del gioco può andare dai 15 ai 30 minuti, a seconda delle esigenze dell'insegnante.

Soluzione: la soluzione dipende dalle domande poste dagli studenti.

Come funziona?

Il box a pagina 43 ha la funzione di rendere più accessibile l'istruzione del punto **7.a**. Farlo leggere prima del punto successivo e chiedere agli studenti di fornire qualche altro esempio.

7 LEGGERE **Un compleanno ideale**

Obiettivo: sviluppare la comprensione scritta attraverso post su eventi passati legati a modi di festeggiare il compleanno.

Procedimento:

7.a far rispondere individualmente, formare poi delle coppie per un confronto sulle opzioni scelte.

7.b Invitare gli studenti a leggere tutto il brano e tutte le frasi sulla destra e a seguire la consegna singolarmente. Tenere presente quanto indicato nell'introduzione circa la comprensione scritta. Dare 15 minuti di tempo, procedere poi con un confronto a coppie. Chiedere agli studenti di scegliere una delle opzioni del punto **7.a** per ciascuno dei due post. Procedere con un confronto a coppie e risolvere infine eventuali dubbi.

Soluzione: primo post: 1./d.; 2./b.; 3./c.; **situazione: g. secondo post:** 4./e.; 5./a.; **situazione: d.**

Parole, parole, parole

Fare gli auguri
Chiedere agli studenti se conoscono qualche espressione italiana per fare gli auguri in occasione di un compleanno. Poi mostrare il box ed eventualmente far cantare la canzone!

8 PARLARE **Compleanno fantastico o orribile?**

Obiettivo: sviluppare la produzione orale attraverso il racconto di esperienze personali positive o negative legate ai compleanni passati.

Procedimento: raccontare agli studenti un episodio particolarmente positivo o negativo legato a un compleanno (il proprio o quello di qualcun altro). Formare delle coppie, posizionare gli studenti l'uno di fronte all'altro e far seguire la consegna tenendo presente quanto indicato nell'introduzione circa la produzione orale reale. Dare circa 30 minuti di tempo.

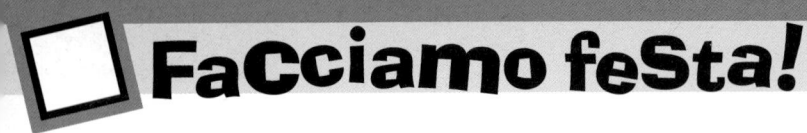

FaCciamo feSta!

9 **ANALISI GRAMMATICALE Passato prossimo e imperfetto**

Obiettivo: scoprire alcune funzioni del passato prossimo e dell'imperfetto.

Procedimento: invitare gli studenti a individuare le frasi citate nella tabella all'interno del testo al punto **7.b** e a rileggerle nel contesto. Chiarire eventuali problemi di comprensione relativi alla seconda colonna della tabella e invitare gli studenti a estrapolarne il significato anche grazie ai simboli della terza colonna. Specificare che solo la prima colonna va rimessa in ordine. Dare 15 minuti di tempo per far seguire la consegna, procedere poi con un confronto a coppie e risolvere eventuali dubbi residui.

Soluzione: *a./4.* → *imperfetto*; **b./6.** → imperfetto + passato prossimo; **c./1.** → passato prossimo; **d./2.** → imperfetto; **e./5.** → passato prossimo; **f./3.** → imperfetto

10 **ESERCIZIO Passato prossimo e imperfetto**

Obiettivo: fissare le funzioni analizzate al punto precedente attraverso l'osservazione di ulteriori testi scritti.

Procedimento: invitare gli studenti a leggere i due brevi testi per intero e far seguire la consegna. Dare 15 minuti di tempo. Procedere con un confronto a coppie e infine risolvere eventuali dubbi.

Soluzione: Michele: *1, 1, 4, 1/5, 1/5, 1/5*; Adelina: *1, 1, 2, 2, 2, 2*

11 **SCRIVERE Un'esperienza indimenticabile**

Obiettivo: sviluppare la produzione scritta attraverso la redazione di un breve racconto personale.

Procedimento: far seguire la consegna tenendo presente quanto indicato nell'introduzione circa la produzione scritta. Dare 30 minuti di tempo.

12 **ANALISI LESSICALE Espressioni**

Obiettivo: scoprire espressioni comunicative omologhe a quelle già note.

Procedimento: specificare che la trascrizione corrisponde a un frammento dell'audio già ascoltato al punto **2.b**. Invitare gli studenti a leggere la trascrizione cercando di estrapolare il significato delle parti sottolineate dal contesto. Far seguire la consegna, dare 10 minuti di tempo, procedere poi con uno o più confronti a coppie e risolvere infine eventuali dubbi.

Soluzione: **1.** vediamo di; **2.** quattro gatti; **3.** un sacco di; **4.** pure; **5.** ci manca; **6.** intendi

Come funziona?

Mancare

Far notare il punto **5.** della precedente analisi lessicale (*non abbiamo*). Introdurre l'uso dell'espressione *manca/mancano* senza ulteriori spiegazioni grammaticali, ma facendo notare la somiglianza con *non c'è/non ci sono* e indicandone alcuni contesti d'uso (è molto frequente quando si prepara una lista di cose da fare). Non approfondire l'uso dei pronomi e far fare qualche esempio agli studenti.

Parole, parole, parole

Articoli e nomi femminili

Far leggere il box e chiedere se esistono differenze simili nel proprio paese rispetto ai nomi femminili. Se la classe dimostra interesse, specificare che l'uso dell'articolo in questo contesto non si estende indistintamente a tutto il Centro o Nord Italia: perlopiù assente in Piemonte, è invece - per esempio - frequente in Lombardia (anche per quanto riguarda i nomi propri maschili), come pure in alcune zone (ma non tutte) della Toscana e delle Marche.

Ti ricordi?

Il *si* impersonale

Obiettivo: fissare l'uso del *si* impersonale (seguito o meno da un oggetto diretto singolare o plurale).

Procedimento: far seguire la consegna, procedere poi con un confronto a coppie e risolvere infine eventuali dubbi.

Soluzione: *si* organizzano; *si* intende; *si* personalizzano; *si* organizza; *si* ha; *si* beve; *si* rispettano

13 LEGGERE **Regali e personalità**

Obiettivo: sviluppare la comprensione scritta attraverso la lettura di un test; ampliare il lessico relativo alla descrizione della personalità.

Procedimento:

13.a far seguire la consegna. Nel caso uno studente non volesse scegliere nessuno dei regali mostrati nelle immagini, può indicarne un altro a suo piacimento. Dare 5 minuti di tempo.

13.b Far seguire la consegna, procedere poi con un confronto a coppie e risolvere infine eventuali dubbi. Tenere presente quanto indicato nell'introduzione circa le attività di comprensione scritta.

13.c Chiarire il significato degli aggettivi delle due liste. Invitare gli studenti a individuare i sinonimi e i contrari nel testo al punto **13.b**. Spiegare che i contrari possono essere aggettivi (distribuiti in qualunque parte del testo), i sinonimi aggettivi o espressioni formate da più parole. Dare 15-20 minuti di tempo. Proseguire con uno o più confronti a coppie, infine risolvere eventuali dubbi.

Soluzione: **13.b** 1./libro/**b.**; **2.**/profumo/**a.**; **3.**/vestito (o scarpe o accessori)/**d.**; **4.**/oggetto elettronico/**c.** **13.c** **Contrari:** *1. intellettuale*; **2.** sincero; **3.** egoista; **4.** discreto; **5.** sensuale; **6.** idealista; **7.** socievole; **8.** attivo; **9.** affidabile; **10.** costruttivo; **Sinonimi** *a*/con la testa fra le nuvole; **b.** innamorato di te stesso; **c.** attivo, pieno di voglia di fare

14 SCRIVERE **Che regalo vuoi?**

Obiettivo: sviluppare la produzione scritta cooperativa attraverso la descrizione del profilo psicologico di una persona; reimpiegare parole ed espressioni che servono a descrivere la personalità.

Procedimento: formare delle coppie e far seguire la consegna. Dare minimo 20 minuti di tempo per la redazione e altrettanti per il miglioramento dei testi. Tenere conto di quanto indicato nell'introduzione circa le attività di produzione scritta. Concludere con una lettura in plenum di alcune descrizioni sorteggiate.

15 ANALISI GRAMMATICALE **Il *che* relativo**

Obiettivo: scoprire funzione e caratteristiche del pronome relativo *che* individuando l'elemento al quale si riferisce nella frase precedente.

Procedimento:

15.a le frasi in esame sono tratte dal testo al punto **13.b**, già noto. Far seguire la consegna individualmente.

15.b Far completare le ultime due caselle singolarmente. Dare circa 5 minuti di tempo, procedere poi con un confronto a coppie sia su questo punto che sul precedente, infine verificare e in plenum.

Soluzione: **15.a** 1./c.; 2./a.; 3./b. **15.b** *1. persona*; **2.** immagine; **3.** persone

16 GIOCO **Il regalo segreto**

Obiettivo: fissare l'uso del *che* relativo attraverso la formulazione di semplici frasi descrittive; concentrarsi sulla correttezza formale di una frase; descrivere un oggetto in modo estemporaneo; associare una descrizione a un oggetto.

Procedimento: dividere gli studenti in squadre (due o più, a seconda del numero; in presenza di classi molto numerose, formare gruppi di quattro e farli giocare due contro due). Dare 5-10 minuti di tempo per far scrivere i sei oggetti segreti (preferibilmente mai nominati in questa unità e comunque già trattati, per non rendere il gioco una sfida impossibile). Quando le squadre sono pronte, disporle l'una di fronte all'altra: L'insegnante assegna un numero a ciascun membro delle varie squadre. Specificare che ogni studente può essere selezionato dalla squadra avversaria soltanto una volta. Chiarire che ogni frase detta dallo studente designato per far indovinare l'oggetto segreto deve contenere il *che*. Fornire qualche esempio di formulazione corretta o sbagliata (saranno le squadre stesse a valutarne l'esattezza o meno). Stabilire un tempo massimo o un numero massimo di tentativi per indovinare. Tenere presente quanto detto nell'introduzione circa i giochi e far seguire la consegna. L'insegnante rimane a disposizione in caso di disaccordo sulla correttezza delle frasi formulate.

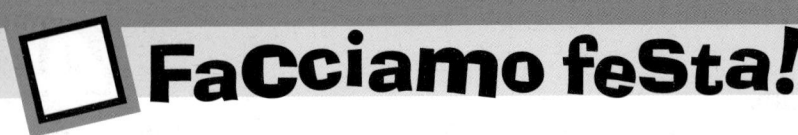

17 PROGETTO FINALE Una festa interculturale

Obiettivo: condividere le conoscenze relative ai costumi e alle tradizioni dei paesi d'origine degli studenti (o di altri paesi stranieri); stimolare la creatività linguistica attraverso la creazione di slogan e altre frasi di accoglienza; aumentare lo spirito di collaborazione tra gruppi; migliorare le proprie conoscenze interculturali grazie a un'esperienza multisensoriale ed extralinguistica.

Procedimento:

a. e **b.** formare dei gruppi di massimo tre persone. Ogni gruppo ha 5-10 minuti di tempo per scegliere un paese o una regione e individuarne una festa particolarmente conosciuta/amata. Invitare gli studenti a riflettere in gruppo e fare una lista di addobbi, disegni, musiche, cibi, immagini o altri materiali da associare alla festa scelta e da portare in classe in un incontro successivo. Dare 20 minuti per la lista.

c. In un incontro successivo, dare agli studenti 30 minuti di tempo per creare disegni e illustrazioni e scrivere i testi che accompagneranno la loro festa.

d. Assegnare ai gruppi diversi punti nell'aula e invitarli ad allestire lo spazio per la loro festa appendendo immagini, sistemando addobbi e testi, approntando la musica e il cibo. Dare 20 minuti di tempo, al termine dei quali far circolare liberamente gli studenti da un allestimento all'altro come fossero turisti curiosi di conoscere nuovi eventi culturali.

VARIANTE: a. in classi in cui gli studenti hanno tutti la stessa nazionalità, è possibile raccogliere i nomi delle feste condivise alla lavagna, sorteggiarle e affidarne una a ogni gruppo. **b.** Se è disponibile un'aula informatica, gli studenti possono cercare informazioni e materiali in rete durante il primo incontro; in caso contrario, si possono distribuire articoli tratti da riviste agli studenti, che li useranno per creare dei testi alla fine del primo incontro, li porteranno a casa per migliorarli e li condivideranno con il proprio gruppo all'inizio dell'incontro successivo.

Scheda culturale 3
Feste e festeggiamenti

Obiettivo: ampliare la conoscenza relativa a feste (laiche e religiose), rituali e festeggiamenti di grande rilievo in Italia; scoprire l'influenza del Ferragosto sull'immaginario musicale (e non solo) collettivo.

Procedimento:

1 far seguire la consegna, procedere poi con un confronto a coppie, infine in plenum.

2 Far seguire la consegna e raccogliere i risultati in plenum (in un incontro successivo, se la ricerca in rete viene svolta a casa). Concludere facendo ascoltare una delle canzoni trovate in un ulteriore incontro ed eventualmente spiegando l'importanza del Ferragosto nella cultura popolare italiana.

Soluzione: 1. *1.*/Natale/**b.**; **2.**/Pasqua/**f.**; **3.**/Ognissanti/**d.**; **4.**/Carnevale/**e.**; **5.**/Ferragosto/**h.**; **6.**/Festa della Repubblica/**c.**; **7.**/Capodanno/**g.**; **8.**/Festa dei lavoratori/**a.**

Una seconda possibilità

Riassunto: Claudio è convinto che nella libreria di fronte casa di Sara non stia succedendo nulla di strano. Deve andar via perché ha le prove con il suo gruppo per un concerto. Sara ha la sensazione che il ragazzo nasconda altro. Mentre riflette sul suo strano comportamento, un articolo di giornale attira la sua attenzione: l'uomo che il giorno prima ha visto dentro la libreria di Mosè, un giornalista, non solo è scomparso, ma ha anche avuto problemi con la giustizia in passato.

Attività proposta: distribuire le vignette fotocopiate senza testo e formare delle coppie. Metà delle coppie completa i balloon seguendo le istruzioni: "Claudio è scettico, Sara è innamorata"; l'altra metà segue le istruzioni: "Claudio è innamorato, Sara è delusa". Dare circa 20 minuti di tempo, sorteggiare poi alcune coppie che reciteranno il dialogo interpretando l'umore dei due personaggi.

Il futuro è già qui

comunicazione	grammatica	lessico	testi scritti e *orali*	scheda culturale
• fare paragoni • capire uno spot • orientarsi tra offerte telefoniche • descrivere un oggetto tecnologico • scrivere l'oroscopo • fare previsioni e annunciare programmi • parlare del proprio futuro • progettare un'invenzione	• il comparativo di maggioranza e minoranza • i comparativi irregolari: *meglio, migliore, peggio, peggiore* • il futuro semplice regolare e irregolare, forme e uso	• nuove tecnologie di comunicazione • la casa: ambienti e arredo • *grazie a, non è detta l'ultima parola, venire in soccorso, in grado di, alla portata di* • la telefonia • *o... o...* • numeri e tempo • i segni zodiacali	• articolo sulle tecnologie del futuro • *pubblicità di offerte telefoniche per famiglie*	• I grandi nomi della scienza in Italia (scienziati illustri da Leonardo a Rita Levi Montalcini)

 1 INTRODUZIONE **Le meraviglie della tecnologia**

Obiettivo: formulare ipotesi su nuovi prodotti di consumo ad alto contenuto tecnologico.

Procedimento: prima di proporre l'attività, si può chiedere agli studenti qual è la nuova piccola invenzione tecnologica più insolita e utile che conoscano. Far seguire quindi la consegna, procedere poi con un confronto a coppie, infine in plenum.

Soluzione: 1., 2., 3., 4.

 2 LEGGERE **Il futuro nelle nostre mani**

Obiettivo: sviluppare la comprensione scritta attraverso un articolo di giornale sulle tecnologie del futuro.

Procedimento:

2.a formare delle coppie e far seguire la consegna. Trattandosi di un'attività di motivazione, dare solo 2 minuti di tempo e passare poi all'attività **2.b.**

2.b Far seguire la consegna, procedere poi con un confronto a coppie, infine in plenum. Tranquillizzare gli studenti comunicando che si tratta di definizioni tecniche, quindi difficili, ma che il compito consiste solo nel capire globalmente le definizioni e abbinarle all'oggetto corrispondente. Far seguire la consegna, procedere poi con un confronto a coppie, infine in plenum.

2.c Far seguire la consegna tenendo presente quanto indicato nell'introduzione circa le attività di comprensione scritta. Procedere con un confronto a coppie, infine in plenum.

2.d Far seguire la consegna, procedere poi con un confronto a coppie, infine in plenum.

2.e Dividere con cura le due fasi dell'attività: prima far ricercare le informazioni nel testo al punto **2.c**, procedendo con un confronto a coppie e una verifica in plenum; poi passare alla produzione orale libera.

Soluzioni: 2.b 1./tablet; **2.**/smart phone. **2.c b. 2.d a.**/vero; **b.**/vero; **c.**/falso; **d.**/vero; **e.**/falso; **f.**/falso; **g.**/vero; **h.**/falso. **2.e** tastiera, mouse

 3 ESERCIZIO **Oggetti sparsi**

Obiettivo: acquisire il lessico riguardante gli ambienti e gli arredi della casa.

Procedimento: formare delle coppie; dare qualche minuto di tempo per far osservare la piantina della casa e leggere i nomi delle stanze e degli elementi di arredo, chiarendo eventuali dubbi. Far leggere la consegna e spiegare che i sei oggetti da inserire sono quelli dell'attività **2.e**. Invitare gli studenti a disporsi frontalmente e a non mostrare il proprio libro al compagno. Chiedere quindi di collocare gli oggetti in punti diversi della casa (scrivendone il nome nella piantina). Leggere l'esempio e chiarire eventuali dubbi sul funzionamento dell'attività. Si ricorda che il fine dell'esercizio non è far usare le preposizioni in modo corretto, bensì far acquisire il lessico della casa. L'insegnante interviene solo in caso di disaccordo. (Sinonimi di *soggiorno: sala, salone, salotto; la sala da pranzo* comprende generalmente un grande tavolo con delle sedie intorno).

Il futuro è già qui

4 ANALISI LESSICALE Espressioni

Obiettivo: scoprire il significato di alcune espressioni; sviluppare la capacità di fare inferenze.

Procedimento: far seguire la consegna, tenendo presente quanto indicato nell'introduzione circa le attività di analisi lessicale. Concludere con un confronto a coppie, infine in plenum.

Soluzione: grazie a/**c.**; non è detta l'ultima parola/**a.**; in (nostro) soccorso/**a.**; in grado di/**a.**; alla (nostra) portata/**a.** (anche la soluzione **c.** può essere accettata)

5 ANALISI GRAMMATICALE Il comparativo

Obiettivo: scoprire la regola di funzionamento del comparativo di maggioranza e minoranza.

Procedimento: mostrare l'esempio tratto dal testo del punto **2.c.**, far ricostruire la regola e gli esempi individualmente, passare poi a un confronto a coppie, infine in plenum. Se lo si ritiene opportuno, al termine dell'analisi si possono presentare anche i comparativi di uguaglianza (vedi sezione *Grammatica* del manuale, pagina 221).

Soluzione: c.; **1.** *Stefania* è meno timida di Lara.; **2.** *L'aereo* è più sicuro della macchina.

Come funziona?

Il termine di paragone nel comparativo e le forme irregolari del comparativo
Introdurre il box subito dopo il punto **5.** Attenzione: l'ultimo esempio riporta un paragone tra due pronomi preceduti da preposizione (che verranno presentati più in dettaglio nell'unità 6).

6 ESERCIZIO Paragoni "a catena"

Obiettivo: fissare la regola dei comparativi di maggioranza e minoranza.

Procedimento:

6.a formare delle coppie, quindi far leggere la consegna e gli esempi, chiarendo eventuali dubbi. Durante i 3 minuti di osservazione gli studenti potranno ricercare il lessico necessario usando dizionari o rivolgendosi all'insegnante, ma non potranno scrivere le frasi. Per mantenere l'aspetto ludico si consiglia di essere severi nel far rispettare sia i tempi di osservazione, sia quelli di scrittura. Ogni coppia scrive su un solo foglio, aggiungendo i nomi dei due autori delle frasi.

6.b Far seguire la consegna. Ogni coppia, nella lista che riceve, dovrà controllare solo la correttezza della forma del comparativo e non altri aspetti (per es. l'ortografia). Intervenire solo in caso di disaccordo.

Ti ricordi?

Passato prossimo e imperfetto
Obiettivo: fissare le forme e l'uso del passato prossimo e dell'imperfetto.
Procedimento: far seguire la consegna, procedere poi con un confronto a coppie, infine in plenum.
Soluzione: immaginavo; portavano; abitavo; è stata; ero; ho incontrato; sono diventata; ha presentato; eravamo; eravamo; poteva; pensavo; è arrivata; era; abitava; abbiamo accolta; doveva; abbiamo iniziato; abbiamo abbandonato; è rimasta; era; ci siamo ritrovate; ha confidato; Eravamo; siamo ridiventate

7 ASCOLTARE Un mare di offerte

cd 14

Obiettivo: sviluppare la comprensione orale mediante l'ascolto di spot pubblicitari televisivi.

Procedimento:

7.a prima di iniziare l'attività, comunicare agli studenti che ascolteranno degli spot pubblicitari televisivi di alcuni operatori italiani di telefonia fissa e mobile. Far seguire poi la consegna e concludere con un confronto a coppie.

7.b Prima di procedere all'ascolto della **traccia 14**, tranquillizzare gli studenti specificando che gli spot utilizzano un linguaggio pubblicitario televisivo e che per questo motivo il messaggio potrebbe non essere chiaro fin da subito: sarà senz'altro compreso in più ascolti. Gli spot sono separati tra di loro da un breve jingle. Far coprire la tabella del punto **7.c** (che fornisce una parziale soluzione) e far seguire la consegna, tenendo presente quanto indicato nell'introduzione circa le attività di comprensione orale.

Procedere poi con un confronto a coppie.

7.c Far seguire la consegna, tenendo presente quanto indicato nell'introduzione circa le attività di comprensione orale. La prima colonna riporta i prodotti pubblicizzati nell'ordine in cui vengono presentati negli spot. Concludere con un confronto a coppie, quindi in plenum.

7.d Far seguire la consegna, quindi procedere con un confronto a coppie.

7.e Far rispondere alla domanda individualmente, procedere poi con un confronto a coppie, infine in plenum.

Trascrizione cd 14

Pubblicità 1

○ **Voce fuori campo:** Lo sai che Danilo andrà a pesca da solo se trova sempre occupato? E il tuo capo si dimenticherà il tuo aumento se non rispondi mai. E, se non trova la linea libera, tua suocera ti farà una bella visitina! A questo punto hai due soluzioni. O ti metti in fila... (*squillo del telefono*)

○ **Donna:** Pronto? Sì, bellissima, c'erano...

○ **Voce fuori campo:** O ti metti la seconda linea. (*squillo del telefono*)

○ **Donna:** Oh! (*parla indistintamente*)

○ **Voce fuori campo:** Seconda linea SIP solo per ricevere.

○ **Uomo:** Pronto? (...) Mammina!

○ **Voce fuori campo:** Con la seconda linea per ricevere...

○ **Uomo:** È mammina!

○ **Voce fuori campo:** Paghi solo il canone.

Pubblicità 2

○ **Figlio:** Mamma su internet!

○ **Figlia:** Ma cos'è questa novità?

○ **Madre:** Eh, la novità è che abbiamo Alice Casa Internet, la prima offerta internet di Telecom, senza il canone!

○ **Figlio:** E senza limiti! Ma non eravamo noi quelli sempre al computer?

○ **Madre:** Eh, le cose cambiano: i figli crescono, le mamme navigano!

○ **Voce fuori campo:** Alice Casa Internet a 20 euro al mese. Chiama il 187!

○ **Madre:** Noi stiamo con Telecom Italia.

Pubblicità 3

○ **Ragazza:** Marco, ma mi ami? Ma quanto mi ami? E... mi pensi? Ma quanto mi pensi? (*avviso di chiamata*) Oh, scusa, scusa, un'altra telefonata, aspetta! (*suono tasto*) Ciao, Andrea! Mi ami? E... quanto mi ami?

○ **Voce fuori campo:** Avviso di chiamata. Informati al 187!

○ **Ragazza:** Allora ciao, Andrea, eh? Ciao, ciao. (*suono tasto*) Pronto, Marco, mi ami ancora? Sì, ma... "tanto" quanto?

Pubblicità 4

○ **Padre:** Dunque, 300 euro di libri e 200 di parrucchiere?

○ **Madre:** Eh, eh... Un matrimonio e tre battesimi!

○ **Padre:** Ma non li fa più nessuno i figli in Italia, devono farli tutti dentro a questo quartiere! Comunque, questa è quella che mi preoccupa di più, la bolletta del telefono.

○ **Madre:** Ma stai tranquillo, leggi!

○ **Padre:** Dammi un po'.

○ **Figlio:** (*al telefono*): No, niente, è papà, oggi è giorno di bollette. Sì, strilla sempre...

○ **Padre:** Eccolo là: 35 ore di chiamate. Pure ai telefonini!

○ **Madre:** Eh, pure ai telefonini!

○ **Padre:** Eh, bisogna che ci vendiamo la macchina, allora. La tua, però, eh?

○ **Madre:** Ma leggi!

○ **Padre:** Com'è così poco? Ma che hai truccato la bolletta?

○ **Madre:** No, ho fatto Teleconomy.

○ **Padre:** E che è?

○ **Madre:** Un'offerta della Telecom. Costa 0 verso i fissi, 0 verso i telefonini.

○ **Padre:** Ah! Hai visto? Eh, eh, che t'avevo detto io? È bella questa Teleconomy. Eh, eh! Se non ci fossi io in questa casa!

○ **Madre:** Ce ne sarebbe un altro!

○ **Padre:** Come?

○ **Madre:** Ah?

Soluzione: 7.a d., a., b., c., e., f. **7.b** pubblicità 1/**a.**; pubblicità 2/**d.**; pubblicità 3/**b.**; pubblicità 4/**c. 7.c 1./c./I**; **2./b./III**; **3./a./IV**; **4./d./II. 7.d 1./d.**; **2./c. 7.e** Si indicano con la congiunzione *o* che introduce la prima e la seconda alternativa.

Il futuro è già qui

8 PARLARE Venditori di futuro

Obiettivo: sviluppare la produzione orale simulando una conversazione tra un venditore "porta a porta" e un potenziale cliente; usare argomenti per convincere qualcuno; descrivere oggetti.

Procedimento: formare delle coppie (studente A e studente B) e far seguire la consegna, tenendo presente quanto indicato nell'introduzione circa le attività di produzione orale immaginaria. Gli studenti A possono eventualmente inventare articoli alternativi a quelli della lista (preferibilmente altrettanto originali e "tecnologici"). Per far durare più a lungo il role play, si può dare un'ulteriore consegna agli studenti B (raggruppandoli prima in un punto della classe per evitare che gli studenti A possano sentire): "Siete persone gentili e sapete che il venditore ambulante fa un lavoro molto difficile, quindi decidete di ascoltarlo educatamente chiedendogli informazioni sugli articoli che propone, ma comunque non intendete comprare cose che non vi piacciono". Dare 25-30 minuti di tempo.

9 ANALISI GRAMMATICALE Il futuro semplice

Obiettivo: scoprire la regola di formazione del futuro semplice dei verbi regolari e del verbo *essere* (irregolare).

Procedimento:

9.a chiedere agli studenti di coprire la tabella del punto **9.b**. Far quindi osservare la forma dei due verbi già inseriti nella tabella, indicandoli nell'articolo al punto **2.c.**, poi far seguire la consegna invitando gli studenti a individuare gli altri verbi al futuro. La tabella va completata unicamente con le forme presenti nel testo al punto **2.c**. Al termine dell'attività procedere con un confronto a coppie, infine in plenum. Nel caso in cui alcuni studenti riconoscessero il futuro irregolare di *potere*, *dovere*, *venire*, far presente che l'analisi di queste forme sarà affrontata in un momento successivo.

9.b Far seguire la consegna, procedere poi con un confronto a coppie, infine in plenum.

9.c Dare qualche minuto di tempo per far riflettere gli studenti individualmente, procedere poi con un confronto a coppie, infine in plenum.

Soluzione: 9.a -are *troveremo*, si semplificheranno, scompariranno, diventeranno; **-ere** permetterà, permetteranno, risponderanno; **-ire** scompariranno; **essere** *sarà*, saranno. **9.b trovare:** *troverò*, *troverai*, troverà, *troveremo*, *troverete*, troveranno; **permettere:** *permetterò*, permetterai, *permetterà*, permetteremo, *permetterete*, *permetteranno*; **scomparire:** scomparirò, *scomparirai*, *scomparirà*, *scompariremo*, scomparirete, *scompariranno*; **essere:** *sarò*, sarai, *sarà*, saremo, *sarete*, *saranno* **9.c** I verbi in -are mutano la prima vocale della desinenza in *e* (troverò), mentre le vocali dei verbi in -ere e -ire restano invariate.

10 SCRIVERE Un oroscopo fantastico

Obiettivo: sviluppare la produzione scritta mediante la redazione di un oroscopo; reimpiegare i verbi al futuro per fare previsioni; acquisire il lessico relativo ai segni zodiacali.

Procedimento: chiedere agli studenti se credono all'oroscopo e se lo leggono. Formare delle coppie e dare pochi minuti per un confronto orale sul tema. Quindi presentare i segni zodiacali a pagina 61. Chiedere agli studenti di scoprire il segno del proprio compagno di banco e far seguire la consegna. Per aiutare gli studenti nella stesura del testo, si può ricordare quali sono gli argomenti solitamente affrontati in questo tipo di testo: amore, lavoro, studio, amicizia, salute, famiglia, nuovi incontri e nuove esperienze. Tenere presente quanto indicato nell'introduzione circa le attività di produzione scritta. Alla fine ogni studente regala l'oroscopo al proprio compagno. È possibile riportare in classe i testi dopo qualche settimana e verificare se gli eventi preannunciati si sono effettivamente verificati!

 **11** ANALISI GRAMMATICALE **Il futuro irregolare**

cd 15

Obiettivo: scoprire la coniugazione del futuro semplice dei verbi irregolari.

Procedimento:

11.a far ascoltare la **traccia 15** annunciando che si tratta di una parte di uno degli spot presentati al punto **7**. Far seguire la consegna tenendo presente quanto indicato nell'introduzione circa le attività di analisi grammaticale.

11.b Far seguire la consegna, procedere poi con un confronto a coppie, infine in plenum.

11.c Far seguire la consegna, procedere poi con un confronto a coppie, infine in plenum.

Soluzione: 11.a andrà; si dimenticherà; farà. **11.b** andare → andrà; dimenticarsi → si dimenticherà; fare → farà. **11.c** andare; dimenticarsi; fare

Come funziona?

Il futuro

Prima di mostrare il box chiedere alla classe di pensare, anche sulla base del testo del punto **2.c** e delle attività svolte finora, alle possibili funzioni del futuro semplice. Raccogliere le ipotesi, quindi far leggere il box. Per ulteriori informazioni sulle forme irregolari del futuro semplice e l'eventuale (frequente) sostituzione con il presente, si veda la *Grammatica* a pagina 219-220.

 12 ESERCIZIO **Un mare di coniugazioni**

Obiettivo: fissare la coniugazione del futuro semplice dei verbi irregolari.

Procedimento: far seguire la consegna (eventualmente

chiedendo di includere anche i verbi presenti nel precedente box grammaticale) e intervenire solo in caso di difficoltà da parte degli studenti (che comunque possono utilizzare la pagina 220 della *Grammatica* per verifica). **VARIANTE:** per rendere più ludica l'attività, formare dei gruppi di tre e dare un dado a ciascun gruppo. Ogni gruppo sceglie uno dei verbi del punto **11.c** (ed eventualmente anche del box grammaticale di questa pagina). A turno ogni giocatore lancia il dado e in 10 secondi deve coniugare il verbo alla persona corrispondente al numero apparso (per esempio, alla terza persona singolare se è uscito il numero 3; alla prima persona plurale se è uscito il 4, ecc.). Se lo coniuga correttamente, ottiene un punto. Poi si passa a un altro verbo, finché la lista non è esaurita. Vince il giocatore che totalizza più punti.

 13 PARLARE *Da grande sarò...*

Obiettivo: sviluppare la produzione orale esprimendo sogni e desideri e confrontandosi su progetti futuri; descrivere il lavoro dei propri sogni; fare programmi.

Procedimento: formare delle coppie. Scrivere alla lavagna la frase "Da grande sarò..." e spiegare agli studenti, con l'aiuto della consegna, che dovranno parlare di cosa vogliono fare in futuro. Poi disegnare alla lavagna una strada con scritto "Questa è la strada che seguirò per diventare..." e spiegare che andrà descritto il percorso che ognuno dovrà intraprendere per realizzare il proprio sogno. Dare inizio all'attività, tenendo presente quanto indicato nell'introduzione circa le attività di produzione orale reale.

14 PROGETTO FINALE **L'invenzione che ti cambierà la vita!**

Obiettivo: stimolare la creatività; integrare abilità e codici diversi (iconico e testuale) attraverso la progettazione e la presentazione di un oggetto; affinare le capacità di: collaborazione, elaborazione e organizzazione del lavoro di gruppo; descrivere un oggetto e le sue funzioni; gestire strumenti multimediali.

Procedimento: formare dei gruppi di tre studenti e strutturare il lavoro in tre fasi.

a. Per stimolare la ricerca di oggetti utili o innovativi, si possono ricordare agli studenti alcuni dei problemi più diffusi nel mondo contemporaneo o quelli che toccano maggiormente le loro città (per esempio l'inquinamento, il traffico, il risparmio energetico), o ancora questioni che riguardano più da vicino la scuola.

b. Far seguire la consegna. In questa fase il materiale può essere reperito al computer in aula informatica (in alternativa gli studenti potranno   carta e penna, cartoncini, ritagli da riviste, disegni propri). Si consiglia di dare al massimo 2 ore di tempo per le fasi **a.** e **b.**

c. Annunciare che la presentazione dovrà essere efficace e convincente. Gli studenti sono liberi di organizzare come vogliono e possono i materiali scelti, creando brochure, video sul funzionamento dell'oggetto, prototipi veri e propri, ecc. Alla stesura del testo di presentazione dovranno partecipare tutti i membri del gruppo. Dare al massimo 2 ore di tempo.

d. ed **e.** Accertarsi che sia disponibile la strumentazione necessaria ai vari gruppi per la presentazione delle diverse invenzioni. Quindi scrivere alla lavagna "Premio miglior invenzione per l'umanità" e far seguire la consegna. Far seguire eventualmente un confronto in plenum sul perché una data invenzione è stata giudicata particolarmente utile. Alla fine appendere, o raccogliere, i lavori di tutti i gruppi.

Scheda culturale ④
I grandi nomi della scienza in Italia
Obiettivo: acquisire informazioni riguardanti i più grandi scienziati italiani e le loro scoperte più rappresentative.
Procedimento:

① far seguire la consegna, procedere poi con un confronto a coppie, infine in plenum.

② Far seguire la consegna, procedere poi con un confronto a coppie, infine raccogliere i risultati in plenum. Se non è possibile collegarsi alla rete durante l'orario scolastico, gli studenti possono verificare in internet a casa e confrontarsi all'incontro successivo.

③ Questa attività può essere svolta come compito a casa. Consente inoltre di creare connessioni interdisciplinari con docenti di altre materie e può essere utilizzata come spunto per la redazione della biografia di scienziati importanti provenienti dal paese d'origine degli studenti.

Soluzione: 1 premi e titoli: Nobel per la medicina, senatrice a vita, socia dell'Accademia dei Lincei; impegno sociale: *socio fondatore della (Fondazione Idis) Città della Scienza*, crea la Fondazione Levi-Montalcini per sostenere la formazione dei giovani; caratteristiche personali: atea, crede in una visione laica e multiculturale della società. **2** Leonardo da Vinci/**1.**; Jacopo Peri/**6.**; Galileo Galilei/**4.**; Guglielmo Marconi/**2.**; Antonio Meucci/**5.**; Enrico Fermi/**8.**

Una seconda possibilità
Riassunto: il giorno dopo, a scuola, Sara va a cercare Claudio per raccontargli quanto ha scoperto sul misterioso giornalista. Ma Claudio è assente, come spesso accade da qualche tempo. Un compagno le rivela inoltre che si comporta stranamente. Sara decide di mandargli un SMS per annunciargli che ha scoperto qualcosa di importante. Ma mentre torna a casa in Vespa lo vede in strada insieme a un tizio poco raccomandabile. I due si stanno scambiando dei soldi. Sara decide comunque di proseguire verso casa. Ma qui ha un'altra sorpresa: la macchina del giornalista scomparso, prima parcheggiata davanti alla libreria di Mosè, non c'è più. È giunto il momento di entrare nella libreria per scoprire cosa sta succedendo.

Attività proposta: dopo aver fatto leggere il fumetto, formare delle coppie e chiedere agli studenti di immaginare il modo in cui Claudio ha trascorso la mattinata invece di andare a scuola. Dopo un confronto di circa 20 minuti, invitarli a raccontare gli eventi vissuti da Claudio attraverso una pagina di diario, un racconto in terza persona o una drammatizzazione.

I mille Volti della letteratura

comunicazione	grammatica	lessico	testi scritti e *orali*	scheda culturale
• parlare delle proprie abitudini di lettura • leggere una graphic novel • inventare una storia in base a un'immagine • descrivere periodi e personaggi storici • creare un fumetto	• i pronomi diretti/2 e indiretti • le espressioni impersonali *bisogna, basta, c'è bisogno, è* + aggettivo	• i generi letterari • *anziano e vecchio* • le forze dell'ordine • periodi storici in Europa • *d. C. e a. C.* • il mondo del fantasy • *dietro l'angolo, a portata di mano, a due passi*	• graphic novel: "Il brigadiere Leonardi" • *intervista a Cecilia Randall*	• Grandi artisti italiani (da Giotto a Cattelan)

1 INTRODUZIONE Libri per tutti i gusti

Obiettivo: acquisire il lessico relativo ai generi letterari; condividere preconoscenze sulle caratteristiche dei principali generi letterari, in particolare del romanzo; parlare delle proprie abitudini e dei propri gusti in materia di lettura.

Procedimento: prima di far svolgere l'attività, si può disegnare alla lavagna un libro e chiedere agli studenti quali sono i generi letterari che conoscono. Scrivere le risposte sulle lavagna inserendole in uno schema tipo *spidergram*, arricchirlo eventualmente con esempi di pubblicazioni, poi procedere facendo seguire la consegna.

1.a Far seguire la consegna, procedere poi con un confronto a coppie. La graphic novel può anche essere chiamata *romanzo a fumetti*.

1.b Far seguire la consegna, procedere poi con un confronto a coppie, infine in plenum (la classe e/o l'insegnante forniscono eventualmente esempi di romanzi).

1.c Formare delle coppie, disporre gli studenti frontalmente e invitarli a parlare dei temi suggeriti nella consegna.

Soluzione: 1.a *1./e.*; 2./b.; 3./f.; 4./a.; 5./c.; 6./d. **1.b** Tutte le risposte sono corrette, salvo la **a.**, che si riferisce ai film di animazione giapponesi, e l'**h.**, inerente al mondo cinematografico.

2 LEGGERE Uno strano signore

Obiettivo: sviluppare la comprensione scritta attraverso un testo letterario accompagnato da immagini (graphic novel).

Procedimento:

2.a annunciare agli studenti che leggeranno un testo di letteratura appartenente a uno dei generi menzionati al punto **1.a**. Far seguire la consegna invitando gli studenti a concentrarsi anche sulle immagini e tenendo presente quanto indicato nell'introduzione circa le attività di lettura.

2.b Far seguire la consegna, procedere poi con un confronto a coppie.

2.c L'analisi prende in esame anche il lessico di bassa frequenza contenuto nel testo con l'obiettivo di sviluppare negli studenti la capacità di fare inferenze. Per questo è importante specificare che per svolgere l'attività occorre fare riferimento al contesto del testo completo (la prima colonna della tabella indica la vignetta dove si trova la parola). Far svolgere l'attività, procedere poi con un confronto a coppie, infine in plenum.

Soluzione: 2.a 3. graphic novel. **2.b** *a./5.; b./3.; c./1.; d./2.; g./8.; h./4.; e./6.; f./7.* **2.c** *diavolerie/a.*; impiastricciarsi/**a.**; fare i complimenti/**b.**; deturparsi/**b.**; tingersi/**b.**; prendere per/**a.**; cacciarsi/**a.**; diversivo/**a.**; sganciarsi/**a.**; vegliardo/**a.**; incalzante/**b.**; sovrappensiero/**a.**; spuntare/**b.**; ruga/**a.**

Parole, parole, parole

Anziano e vecchio

Questo box può essere mostrato dopo l'attività **2.b**. È possibile ampliarne il contenuto illustrando la differenza fra l'aggettivo *vecchio* e *antico*. La parola *vegliardo* presente nella graphic novel è di bassa frequenza e qui viene usata anche a fini ironici.

I mille volti della letteratura

Carlo Lucarelli (1960)

Noto scrittore, sceneggiatore, giornalista e conduttore televisivo. Esordisce nel 1990 con il giallo "Carta bianca", il primo di una lunga serie di noir a sfondo poliziesco. Collabora con diversi giornali o riviste (Il Manifesto, L'Europeo, Il Messaggero, L'Unità, ecc.) e insegna scrittura creativa alla Scuola Holden a Torino e nel carcere Due Palazzi di Padova. Carlo Lucarelli appartiene alla migliore tradizione di giornalismo investigativo italiano: dal 1999 conduce *Blu notte - Misteri italiani*, programma in onda su Rai 3 in prima serata che analizza in modo approfondito fatti di cronaca, indagini su disastri e su omicidi seriali dell'ultimo cinquantennio della storia italiana.

3 SCRIVERE *Tocca a te!*

Obiettivo: sviluppare la produzione scritta attraverso un racconto di fantasia; redigere un testo prendendo spunto da immagini; sviluppare la capacità di dotare di coerenza un testo, in relazione agli aspetti già descritti nella prima parte del racconto.

Procedimento: mostrare la vignetta e procedere alla spiegazione del termine *carabiniere* usando il box *Parole, parole, parole*. Quindi invitare gli studenti a riflettere su tutti gli elementi emersi dalla lettura della prima parte del racconto utili per sviluppare l'antefatto e il finale della storia. Dare quindi il via alla fase di redazione tenendo presente quanto indicato nell'introduzione circa le attività di scrittura.

VARIANTE: se lo si ritiene opportuno, è possibile far continuare la storia sempre sotto forma di fumetto; in tal caso si può far lavorare uno studente in modo autonomo, o chiedergli di lavorare in coppia (i due studenti stendono insieme la sceneggiatura, poi uno scrive i dialoghi nei balloon, l'altro disegna le vignette).

Parole, parole, parole

Le forze dell'ordine
Servirsi del box per spiegare il termine *carabiniere* della vignetta dell'attività **3**. Si consiglia di soffermarsi sulle altre forze dell'ordine solo a conclusione della relativa produzione scritta. Siti di riferimento: www.poliziamunicipale.it, www.carabinieri.it, www.poliziadistato.it, www.vigilfuoco.it (vedi anche la Guardia Di Finanza: www.gdf.gov.it).

4 ANALISI GRAMMATICALE Pronomi diretti e indiretti

Obiettivo: scoprire forma e uso dei pronomi indiretti mettendoli a confronto con quelli dei pronomi diretti.

Procedimento:

4.a far seguire la consegna, procedere poi con un confronto a coppie.

4.b Invitare le coppie a leggere la spiegazione e gli esempi relativi ai pronomi diretti e indiretti, poi, in plenum, assicurarsi che tutti abbiano capito. Quindi far completare lo schema individualmente, concludendo con un confronto a coppie, infine in plenum.

Soluzione: 4.a a./3.; b./3.; c./3.; d./3 e./4.; f./1.; g./2.; h./3.

4.b

I pronomi oggetto diretto sono:	I pronomi oggetto indiretto sono:
io → **mi**	io → **mi**
tu → **ti**	tu → **ti**
lui → lo - davanti ad *h*: **l'**	lui → **gli**
lei → la - davanti ad *h*: **l'**	lei → **le**
noi → **ci**	noi → ci
voi → **vi**	voi → **vi**
loro → **li** (maschile)/**le** (femminile)	loro → **gli** (maschile + femminile)

Come funziona?

Pronomi e forma di cortesia
Mostrare il box dopo aver fatto compilare la tabella del punto **4.b**. Evidenziare il fatto che *La/Le* si adopera anche con le persone di sesso maschile (vedi primo esempio, *Professor Sandri*).

5 ASCOLTARE Storie di altri mondi
cd 16/cd 17

Obiettivo: sviluppare la comprensione orale mediante un'intervista condotta da adolescenti; familiarizzarsi con il lessico relativo al Rinascimento, al Medioevo e al mondo del fantasy.

Procedimento:

5.a l'attività ha l'obiettivo di introdurre il tema dell'intervista (il contesto storico dei romanzi della Randall). Far seguire la consegna, procedere poi con un confronto a coppie, quindi in plenum, verificando la comprensione delle informazioni contenute nei due riquadri. Mostrare poi il box *Parole, parole, parole* per chiarire la periodizzazione. Far emergere quindi le eventuali preconoscenze sui due periodi storici, chiedendo alla classe cosa sa del Rinascimento e del Medioevo in Italia o in Europa (opere artistiche e letterarie, eventi o scoperte di rilievo, personaggi storici, ecc.) o, in alternativa, fornire qualche informazione supplementare rispetto a quanto contenuto nei due brevi riquadri. Il castello ritratto nella prima immagine è quello di Torrechiara (Parma). Il quadro è "La città ideale", datato tra il 1480 e il 1489, conservato nel del Palazzo Ducale di Urbino e attribuito fra gli altri a Piero della Francesca e a Leon Battista Alberti. È considerato simbolo dell'ideale architettonico rinascimentale.

5.b Anche questa attività mira a fornire agli studenti lessico utile alla comprensione orale e a motivarli al tema dell'intervista. Far seguire la consegna, procedere poi con un confronto a coppie. Evidenziare che l'importante non è trovare l'abbinamento giusto tra immagini e mondi possibili, bensì motivare le proprie scelte.

5.c Far seguire la consegna proponendo l'ascolto della **traccia 16**. Procedere con un confronto a coppie, senza fornire la risposta.

5.d Proporre l'ascolto della **traccia 17** e far seguire la consegna, tenendo presente quanto indicato nell'introduzione circa le attività di comprensione orale. Procedere poi con un confronto a coppie, infine in plenum.

5.e Riproporre la **traccia 17** e far seguire la consegna. Concludere con un confronto a coppie, infine con una verifica in plenum.

Soluzione: 5.a 1. prima foto; **2.** seconda foto. **5.b a./5.** → R; **b./6.** → F; **c./1.** → F; **d./4.** → R; **e./3**. → F; **f./2**. → F. **5.c** e **5.d b. 5.e Cecilia Randall**/lo dice: *1.*, **3.**, **4.**; **"Gens Arcana"**/lo dice: **9.**, **10.**

Trascrizione cd 17

> ● **Ragazza 1:** Salve, oggi siamo qui per rubare un po' di tempo a Cecilia Randall, l'amata scrittrice di "Hyperversum" e "Gens Arcana". Iniziamo subito...

Allora, "Gens Arcana" è ambientato a Firenze, durante il Rinascimento. C'è un motivo particolare per cui ha scelto questa ambientazione?

● **Cecilia Randall:** Il Rinascimento è un mondo... è già un mondo magico da solo. Eh... Studiando il Rinascimento, guardando le opere che ha prodotto, dagli edifici, alle statue, dalle pitture ai costumi meravigliosi che si vedono a Firenze, ci si rende conto che è già un mondo magico. Eh... Entrare nel Rinascimento poi per me è facile, perché io abito a Modena e Firenze è veramente dietro l'angolo. L'ho visitata all'Università, l'ho visitata in gita, l'ho visitata per piacere e quindi Firenze era veramente... Quando ho pensato al Rinascimento, Firenze era lì, a portata di mano e sono anche abbastanza legata alla città, per cui è stato quasi naturale.

● **Ragazza 2:** Perché le è venuta l'idea di affiancare qualcosa come l'invenzione del fantasy alla precisione di eventi storici?

● **Cecilia Randall:** Perché io credo che il nostro passato, sia il Medioevo che il Rinascimento, eh, sia veramente già un mondo talmente misterioso e talmente pieno di suggestioni e di creature anche fantastiche, eh, che non... non c'è quasi bisogno di inventarsi un mondo nuovo, ce l'abbiamo lì a portata di mano. Basta studiare il Medioevo e si scoprono cose che sono intriganti quanto una storia di elfi o di draghi. Per cui... Io ho la passione della storia già da tanto tempo, una passione mia personale, e vedendo questo mondo che era... era già lì, era uno scrigno spalancato con tanti tesori e segreti, mi è venuto naturale anche quello, ambientare una storia magica all'interno di questo contesto. E poi è divertente mischiare, appunto, ciò che non può essere, con ciò che invece è, è stato ed è documentato. Il contrasto mi fa divertire ancora di più.

Parole, parole, parole

Periodi storici in Europa
Soffermarsi sul box dopo l'attività **5.a**. Se lo si ritiene opportuno, spiegare in base a quali eventi vengono convenzionalmente delimitati i vari periodi storici:
- 476 d. C.: fine dell'età antica, caduta dell'Impero Romano d'Occidente;
- 1492: fine del Medioevo, "scoperta" dell'America da parte di Cristoforo Colombo; tra il Medioevo e il periodo successivo si situa il Rinascimento (XIV - XVI secolo);
- 1789: fine dell'età moderna (per altri storici la data di riferimento è invece il 1848), Rivoluzione Francese.

I mille volti della letteratura

Cecilia Randall

Modenese, inizia la propria avventura editoriale nel 2006 con la pubblicazione del romanzo "Hyperversum", con il quale si aggiudica il Premio Letterario Nazionale Insula Romana per la sezione "Narrativa edita ragazzi". Nel 2007 viene pubblicato il secondo romanzo della serie, "Hyperversum - Il falco e il leone", nel 2009 il terzo, "Hyperversum - Il cavaliere del Tempo". È invece del 2010 "Gens Arcana", ambientato nella Firenze rinascimentale di Lorenzo de' Medici.

 **6** **ANALISI LESSICALE Vicino o lontano?**
cd 18

Obiettivo: scoprire il significato di due espressioni comuni che indicano vicinanza o lontananza.

Procedimento:

6.a far ricostruire le due espressioni, procedere con un confronto a coppie, infine far ascoltare la **traccia 18**.

6.b Far seguire la consegna, procedere poi con un confronto a coppie, infine in plenum.

Soluzione: 6.a dietro l'angolo, a portata di mano. **6.b** significano *molto vicino*

7 **ANALISI GRAMMATICALE Espressioni**
cd 19 **impersonali**

Obiettivo: scoprire struttura, significato e uso delle espressioni *(non) c'è bisogno (di), basta, è + aggettivo*.

Procedimento:

7.a far ricostruire le due espressioni, procedere poi con un confronto a coppie, infine far ascoltare la **traccia 19**. Accertarsi in plenum che sia chiaro il significato delle espressioni.

7.b Far seguire la consegna, procedere poi con un confronto a coppie, infine una verifica in plenum.

Soluzione: 7.a c'è bisogno; Basta; è divertente. **7.b** prima colonna: è + aggettivo, basta; seconda colonna: c'è bisogno

Come funziona?

Bisogna
Mostrare il box dopo il punto **7.b**.

 **8** **PARLARE Un incontro epocale**

Obiettivo: sviluppare la produzione orale attraverso la descrizione di periodi, eventi e personaggi storici salienti per il proprio paese; descrivere usanze e stili di vita passati.

Procedimento:

8.a far completare individualmente la linea del tempo con i periodi/gli eventi che gli studenti ritengono determinanti per la storia del proprio paese. È possibile tracciare uno schema più ampio su un foglio invece di utilizzare quello del libro. Procedere poi con un confronto a coppie. Nelle classi monolingui il confronto di coppia darà modo agli studenti di confrontarsi sulle vicende e i periodi selezionati, motivando le proprie scelte. Nelle classi plurilingui questa fase può essere l'occasione di presentare epoche storiche che i compagni non conoscono. Si consiglia di limitare il tempo di questo primo confronto, rimandando al punto **8.c** descrizioni più approfondite.

8.b In questa fase gli studenti possono lavorare da soli o in coppia, purché il compagno intenda descrivere lo stesso periodo storico. Dare almeno 30 minuti di tempo per far raccogliere le diverse informazioni: gli studenti devono avere a disposizione testi di storia e/o una connessione alla rete e dizionari bilingui. Invitare gli studenti a "studiare" le informazioni raccolte: nella fase successiva non potranno più leggerle.

8.c Formare delle coppie (se gli studenti hanno lavorato in due anche al punto **8.b**, cambiare le coppie). Invitare gli studenti a calarsi nei panni di un noto personaggio dell'epoca prescelta e di presentarla al compagno, cercando di convincerlo che si tratta del periodo più bello, interessante, determinante, ecc. della storia. Se gli studenti non ricordano personaggi rilevanti nel periodo selezionato, possono continuare a fare riferimento ai testi di storia o alla rete.

Il futuro

Obiettivo: fissare la coniugazione del futuro semplice dei verbi regolari e dei principali verbi irregolari.

Procedimento: far seguire la consegna, procedere poi con un confronto a coppie, infine in plenum.

Soluzione: *ritornerà*; sarà; saranno; Dedicheremo; trascureremo; ci sarà; potremo; faranno; parlerà; sfoglieranno; diranno; pubblicheremo

9 GIOCO *Indovina chi?*

Obiettivo: fissare le espressioni impersonali *bisogna*, *è +* aggettivo, *basta*; ampliare le conoscenze su e descrivere personaggi storici e letterari legati al Medioevo e Rinascimento; ampliare il lessico legato al tema dell'unità.

Procedimento: dividere gli studenti in quattro squadre (due squadre A e due B). Seguire le varie fasi in funzione dei punti indicati nelle istruzioni.

9.a Comunicare che le descrizioni dei personaggi dovranno essere brevissime (circa 30-40 parole) e redatte sotto forma di indovinello. Nelle descrizioni devono comparire almeno due delle espressioni impersonali finora incontrate (servirsi degli esempi forniti). Dare alle squadre la possibilità di consultare internet (o altro materiale sui personaggi) e invitarle a chiedere all'insegnante tutte le informazioni che desiderano. Negli indovinelli dovranno comunque essere presenti informazioni rilevanti riguardo alle principali opere o alla vita dei personaggi in questione: verificare che non siano inseriti dettagli irrilevanti. Dare non più di 30 minuti di tempo.

9.b Formare gruppi di due squadre (A-A, B-B) e far seguire la consegna. L'insegnante non si pronuncia in merito alla correttezza delle descrizioni. Dare massimo 20 minuti di tempo.

9.c Disporre le coppie di squadre in gara (A contro B) in punti diversi della classe, in modo che non si disturbino a vicenda. Le squadre giocano autonomamente, l'insegnante interviene solo in caso di disaccordo in merito all'attribuzione dei punti.

10 PROGETTO FINALE **Fantasy medievale a fumetti**

Obiettivo: affinare la capacità di comprensione, produzione scritta e transcodificazione; integrare abilità e codici diversi attraverso la creazione di una storia a fumetti; affinare le capacità di collaborazione, elaborazione e organizzazione del lavoro di gruppo.

Procedimento: formare dei gruppi di tre studenti e far seguire la consegna; sarebbe opportuno che i membri di ogni gruppo avessero abilità diverse (uno o due ragazzi bravi a disegnare, uno o due bravi a inventare e scrivere storie). Assicurarsi che gli studenti abbiano compreso il racconto iniziale, fornendo spiegazioni sul lessico non conosciuto. Organizzare il lavoro in funzione delle varie fasi indicate nelle istruzioni.

10.a Fornire a ciascun gruppo una fotocopia della mappa ingrandita e far seguire la consegna dando la possibilità di consultare internet per cercare immagini di castelli da copiare o ritagliare.

10.b Far seguire la consegna assicurandosi che i gruppi abbiano capito quali elementi devono inserire nella mappa. Invitare i vari gruppi a indicare la posizione dei detti elementi e il percorso dei quattro cavalieri nel modo più chiaro possibile.

10.c In questa fase si può decidere di far scrivere l'impresa dei quattro cavalieri sotto forma di racconto vero e proprio, come produzione scritta distinta, oppure di far prendere semplici appunti sugli aspetti da sviluppare nel fumetto. Far seguire la consegna tenendo presente quanto indicato nell'introduzione circa le attività di produzione scritta.

10.d Si può lasciar decidere alla classe se fare un collage (di più veloce esecuzione) o un disegno. Sarebbe opportuno che, il fumetto (completo di mappa) venisse prodotto su grandi cartelloni da appendere in classe. Il tempo calcolato per completare il progetto varia dalle 6 alle 8 ore.

VARIANTE: se si vuole limitare il tempo da dedicare al progetto finale, si può far completare la mappa (punto **a.** e **b.**) e far scrivere ai gruppi solo un racconto (punto **c.**) correlato da qualche immagine presa dalla rete o da libri. In questo caso il racconto verrà letto alla classe da uno o due membri del gruppo, mentre il terzo mostrerà il percorso dei cavalieri sulla mappa.

I mille Volti della letteratura

Scheda culturale ⑤
Grandi artisti italiani

Obiettivo: acquisire informazioni riguardanti i più grandi artisti italiani, la loro importanza e le loro opere più rappresentative.

Procedimento:

1.a far eseguire il compito individualmente, procedere poi con un confronto a coppie, infine in plenum. Gli artisti qui citati, di colossale importanza nella storia dell'arte italiana, si prestano ovviamente a ulteriori approfondimenti storico-artistici.

1.b Per questa attività occorre disporre di una connessione a internet (in alternativa, sarà l'insegnante a portare in classe articoli e altro materiale informativo sugli artisti e le opere selezionate). Far eseguire il compito individualmente, procedere poi con un confronto a coppie, infine in plenum.

2 L'attività può essere svolta anche come compito a casa.

Soluzione: 1.a *1./a.*; 2./f.; 3./d., e.; 4./b.; 5./c., g. **1.b** *a.* Raffaello → *Madonna del Cardellino*; **b.** Giotto → Croce di Santa Maria Novella; **c.** Leonardo → Dama con l'ermellino; **d.** Leonardo → Uomo Vitruviano; **e.** Botticelli → La nascita di Venere; **f.** Michelangelo → David. **2 Tiziano**/pittore; **Bernini**/pittore, scultore e architetto; **Boccioni**/pittore e scultore; **Cattelan**/scultore

Una seconda possibilità ⑤

Riassunto: Sara entra nella libreria di Mosè intenzionata a scoprire qualcosa sul giornalista scomparso. Fingendo di sfogliare un libro, si avvicina a una porta socchiusa riservata al personale. Ma mentre cerca di capire cosa si nasconda oltre la porta, riceve una chiamata da Claudio, che sostiene di non essere andato a scuola per un problema di salute. Sara sa che l'amico mente. Una volta conclusa la telefonata, riesce ad aprire la porta: al buio, sopra una pila di libri, scopre una fototessera dell'uomo scomparso. L'afferra e in quello stesso istante sente una voce alle sue spalle: è Mosè!

Attività proposta: invitare gli studenti a immaginare l'antefatto. Perché quella fototessera si trova nella libreria? Qualcuno l'ha smarrita o lasciata lì intenzionalmente per qualche misteriosa ragione? Chi? Il giornalista scomparso? Per ricostruire l'antefatto si può ricorrere a una drammatizzazione (es. dialogo tra Mosè e il giornalista, dal momento in cui quest'ultimo entra nel negozio), o a un racconto scritto in prima persona (es. pagina tratta dal diario del giornalista).

Unità 6

Mi piaci!

comunicazione	grammatica	lessico	testi scritti e *orali*	scheda culturale
● esprimere il proprio giudizio su come conquistare una persona ● mostrare interesse o disinteresse verso qualcuno ● dare ordini e consigli/2 ● parlare di amicizia tra persone di sesso diverso ● esprimere quantità indeterminate ● realizzare un cortometraggio	● i pronomi dopo preposizione ● l'imperativo con *tu* seguito da pronomi ● gli imperativi monosillabici seguiti da pronome ● gli indefiniti: *qualche*, *alcuni/e* ● il partitivo con *di*	● *attaccare bottone, tagliare la corda, tagliare i ponti, prendere una sbandata, parlare del più e del meno, fare un buco nell'acqua, ridendo e scherzando, sognare a occhi aperti* ● lessico "amoroso"	● post su problemi di cuore ● *interviste a giovani su come conquistare qualcuno*	● Viva gli sposi! (rito del matrimonio nelle diverse regioni italiane)

1 INTRODUZIONE Bottoni e corde

Obiettivo: scoprire espressioni di argomento amoroso e non.

Procedimento:

1.a fornire agli studenti la spiegazione del lessico non conosciuto (senza tuttavia dare il significato dell'espressione completa), o fare in modo che possano consultare il dizionario. Chiedere agli studenti di coprire l'attività **1.b** (che aiuta a trovare la soluzione). Far seguire la consegna, procedere poi con un confronto a coppie.

1.b Far seguire la consegna, procedere poi con un confronto a coppie, infine in plenum.

Soluzione: 1.a 1./d.; 2./f.; *3./a.*; *4./b.*; 5./e.; 6./c.

2 ASCOLTARE Come fare una nuova conoscenza
cd 20/cd 21

Obiettivo: sviluppare la comprensione orale attraverso un'intervista condotta su un campione di giovani.

Procedimento:

2.a si tratta di un'attività introduttiva che serve a focalizzare l'attenzione sul numero e sulle diverse caratteristiche dei giovani intervistati (anche relativamente ai tratti prosodici). Far seguire la consegna e ascoltare la **traccia 20**, tenendo presente quanto indicato nell'introduzione circa le attività di comprensione orale. Chiedere agli studenti di coprire l'attività **2.b**, che offre la soluzione.

2.b Far seguire la consegna, procedere poi con un confronto a coppie, infine in plenum.

2.c Far seguire la consegna, procedere poi con un confronto a coppie, infine in plenum.

2.d Chiedere alla classe: "Secondo voi quali sono i consigli migliori?": invitare gli studenti a disporsi frontalmente e a parlare liberamente dell'argomento. Trattandosi soprattutto di un'attività di motivazione, si consiglia di non dedicarle più di 5 minuti. Una vera e propria attività di produzione orale segue subito dopo.

Trascrizione `cd 21`

○ **Intervistatore:** Cosa consigli a una ragazza che vuole attaccare bottone con un ragazzo?

● **Brando:** Eh... Fai la carina, sorridi e parla in modo abbastanza spigliato. Trova un argomento in comune e poi sfruttalo per rincontrarvi.

● **Antonella:** Avvicinati al ragazzo, con un'aria curiosa e chiedigli, eh... un posto di ritrovo giovanile. Chiedigli, eh... "Senti, sai se ci sono discoteche per stasera, serate?".

○ **Jim:** Evita di parlare, non parlare, addirittura non parlare delle cose banali: il tempo... Quello per me assolutamente no. Se fa freddo, lo so che fa freddo.

● **Antonella:** Non dirgli: "Ciao, come s ei bello, posso conoscerti?". No, non dirgli cose troppo sfacciate.

○ **Intervistatore:** Cosa consigli ad un ragazzo che vuole attaccare bottone con una ragazza?

● **Nicole:** Se ti piace una ragazza, è importante non essere troppo pressante: non cercarla sempre, devi un po' giocare, devi cercarla, ma non troppo.

● **Francesco:** Allora, non usare parole tipo *principessa*, *bellissima*, parole troppo dolci perché non servono a nulla, non essere troppo diretto nell'approccio, tenta di essere carino, ma non troppo sdolcinato.

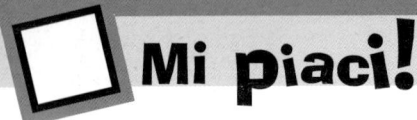

● **Intervistatore:** Per esempio?

● **Francesco:** Per esempio, non le dare il giubbotto se lei sente freddo perché secondo me è una cosa inutile. Oppure puoi invece prenderle la mano...

● **Intervistatore:** Quali sono i migliori argomenti per una conversazione?

● **Nicole:** Una cosa che i ragazzi odiano è sentire che una ragazza parla di se stessa, quindi tu non devi parlare troppo e soprattutto non troppo di te stessa.

● **Brando:** Allora, possono essere idee in comune, film, libri, fumetti o in certi casi anche videogiochi.

● **Jim:** Parla delle cose che ti interessano. Per me sarebbe le notizie del giorno, la politica, magari se sei una persona più giovane, dello sport.

● **Francesco:** No, bisogna parlare in linea di massima della propria famiglia, magari il lavoro dei genitori, ma basta.

● **Intervistatore:** Un consiglio su come apparire?

● **Antonella:** Ognuno ha il suo stile ed è giusto che lo rispetti, eh... Certo, i vestiti troppo appariscenti sono quelli che piacciono meno, in generale, quindi non ti mettere l'occhiale da sole in discoteca o di sera, o il cappellino colorato...

● **Brando:** Mettiti la minigonna e mettiti i tacchi, ma attenta a non superare l'altezza dell'uomo.

● **Francesco:** Non essere troppo provocante, cioè, devi essere provocante, ma non eccessivamente, non bisogna essere mai volgari.

● **Nicole:** Secondo me un ragazzo troppo abbronzato non va bene.

● **Intervistatore:** E il posto migliore per attaccare bottone?

● **Antonella:** In discoteca no, lo sconsiglio perché, sì, ci sono un sacco di ragazzi, ma il volume della musica è troppo alto e non puoi comunicare come vorresti.

● **Jim:** Il posto migliore per iniziare una conversazione sarebbe qualsiasi posto in cui la persona non si può... non si può spostare, quindi un aereo, un treno, con posto assegnato, un posto fisso, in cui devono comunque restare.

● **Francesco:** Autobus, treno o anche i parchi.

● **Nicole:** La metro, o... o addirittura anche un posto di aperitivo.

Soluzione: 2.a Ragazzo 1/**c.**; Ragazza 1/**b.**; *Ragazzo 2/e.*; Ragazza 2/**a.**; Ragazzo 3/**d. 2.b** Francesco/**a.**; Antonella/**b.**; Jim/non è possibile rispondere; Nicole/**a.**; Brando/**b. 2.c 1.** consigliato; **2.** sconsigliato; **3.** sconsigliato; *4. consigliato*; **5.** sconsigliato; **6.** sconsigliato; **7.** sconsigliato; **8.** consigliato; **9.** sconsigliato; **10.** sconsigliato; **11.** consigliato; **12.** sconsigliato

 PARLARE *Ci conosciamo?*

Obiettivo: sviluppare la produzione orale attraverso una conversazione informale tra ragazzi in treno che si parlano per la prima volta.

Procedimento: formare delle coppie e far seguire la consegna e le istruzioni, tenendo presente quanto indicato nell'introduzione circa le attività di produzione orale immaginaria. Per far calare al meglio gli studenti nella parte, suggerire di preparare un'ambientazione che rappresenti il luogo in cui si svolge la conversazione (lo scompartimento di un treno). In caso di classi con un numero dispari di studenti, formare un gruppo di tre (possibilmente raggruppando i ragazzi più estroversi): uno studente A e due studenti B. In questo caso le istruzioni da dare sono le seguenti: i due ragazzi B stanno parlando tra loro di argomenti molto interessanti e vengono interrotti dal ragazzo A.

VARIANTE: se la situazione suggerita suscita imbarazzo fra gli studenti, si possono variare le istruzioni: lo studente A si trova in treno per un lungo viaggio e si sta annoiando molto, inizia così a parlare con la persona seduta di fronte. Lo studente B è molto concentrato nella lettura e non ha nessuna voglia di parlare.

 LEGGERE **Questioni di cuore**

Obiettivo: sviluppare la comprensione scritta attraverso la lettura di un post di argomento sentimentale.

Procedimento:

4.a far seguire la consegna, tenendo presente quanto indicato nell'introduzione circa le attività di lettura. Procedere poi con un confronto a coppie.

4.b Far seguire la consegna, procedere poi con un confronto a coppie, infine in plenum. Concludere chia-

rendo eventuali dubbi residui.
Soluzione: **4.a** d. **4.b** 7, *1*, 4, 5, 9, 6, 2, 3, 8

Parole, parole, parole

Le parole dell'amore
Mostrare il box una volta conclusa la fase di comprensione globale del testo al punto **4.a**.

Come funziona?

I pronomi dopo preposizione
Prima di mostrare il box, richiamare l'attenzione sulle due frasi nel testo al punto **4.a** e invitare gli studenti a individuare la forma dei relativi tre pronomi dopo preposizione.

 5 ANALISI LESSICALE **Espressioni**

Obiettivo: scoprire espressioni di argomento amoroso e non.
Procedimento: far seguire la consegna, tenendo presente quanto indicato nell'introduzione circa le attività di analisi. Concludere con un confronto a coppie, infine una verifica in plenum.
Soluzione: 1./a; 2./c.; 3./f.; 4./h.; 5./e.; *6./g.*; 7./d.; 8./b.

 6 ESERCIZIO **Lessico "amoroso"**

Obiettivo: fissare le espressioni apprese fino a questo punto.
Procedimento: far seguire la consegna, procedere poi con un confronto a coppie, infine in plenum.
Soluzione: primo testo (Fiorello e Susanna): colpo di fulmine, storia d'amore; secondo testo: (Roberto Benigni e Nicoletta Braschi): coppia, colpo di fulmine, vita piatta, sognare a occhi aperti; terzo testo (Dario Fo e Franca Rame): conquistare, si rende conto, coppia

Fiorello (1960)

Rosario Tindaro Fiorello è uno showman, imitatore, conduttore radiofonico, comico e cantante di grande successo.

Roberto Benigni (1952)

Attore di cinema e teatro e regista celebre in tutto il mondo per la sua comicità dissacrante, talvolta sovversiva. Ha vinto due premi Oscar come miglior attore e per il miglior film con "La vita è bella" ed è stato candidato al Premio Nobel per la letteratura nel 2007 (per l'impegno profuso a favore della diffusione della "Divina Commedia" di Dante).

Nicoletta Braschi (1960)

Attrice italiana, moglie di Roberto Benigni, dei cui film è spesso protagonista. Nel 1997 ha vinto un David di Donatello per la sua interpretazione in "Ovosodo" di Paolo Virzì.

Dario Fo (1926)

Drammaturgo, attore, scenografo italiano, vincitore del Premio Nobel per la letteratura nel 1997. I suoi lavori teatrali, caratterizzati da una forte satira politica e sociale, fanno uso degli stilemi comici dell'antica commedia dell'arte italiana e sono rappresentati con successo in tutto il mondo.

Franca Rame (1929)

Attrice teatrale e drammaturga, fondatrice nel 1958 della *Compagnia Dario Fo-Franca Rame* che negli anni seguenti otterrà grandissimo successo commerciale.

Ti ricordi?

I pronomi
Obiettivo: fissare forme e uso dei pronomi diretti e indiretti.
Procedimento: far seguire la consegna, procedere poi con confronto a coppie, infine in plenum.
Soluzione: mi; l'; si; mi; lo; la; mi; Vi; le; la; vi; ci; lo; lui; mi; lo; lo

Mi piaci!

7 ANALISI GRAMMATICALE **Imperativo e pronomi**

cd 22

Obiettivo: scoprire la forma dei verbi all'imperativo informale seguiti da pronomi.

Procedimento:

7.a fare in modo che gli studenti non possano vedere la tabella del punto **7.b**. Far seguire la consegna tenendo presente quanto indicato nell'introduzione circa le attività di analisi grammaticale. Concludere con un confronto a coppie.

7.b Far seguire la consegna, ricordando eventualmente la denominazione dei vari tipi di pronomi visti finora, procedere poi con un confronto a coppie, infine in plenum.

7.c Far seguire la consegna, procedere poi con un confronto a coppie, infine in plenum.

Soluzione: 7.a Brando: *parla*, sfruttalo; **Antonella**: Avvicinati, chiedigli, Chiedigli, Non dirgli, non dirgli; **Jim**: Evita, non parlare; **Nicole**: non cercarla; **Francesco**: non usare, non essere, tenta, non le dare. **7.b 1.** *pronome diretto maschile, terza persona singolare → argomento*; **2.** pronome riflessivo, seconda persona singolare → tu; **3.** pronome indiretto maschile, terza persona singolare → ragazzo; **4.** pronome indiretto maschile, terza persona singolare → ragazzo; **5.** pronome diretto femminile, terza persona singolare → ragazza; **6.** pronome indiretto femminile, terza persona singolare → ragazza. **7.c** Esempi di pronomi oggetto diretto, indiretto o riflessivo con imperativo informale **positivo**: sfruttalo; chiedigli; avvicinati; esempi di pronomi oggetto diretto, indiretto o riflessivo con imperativo informale **negativo**: non dirgli, non cercarla; esempio di imperativo informale negativo con il pronome **tra** l'infinito e il *non*: non le dare

Come funziona?

Gli imperativi monosillabici con i pronomi
Mostrare il box a conclusione del punto **7.c**. Se lo si ritiene necessario, arricchire la spiegazione con esempi aggiuntivi sugli altri verbi con imperativo monosillabico e altri pronomi (vedi anche pagina 223 della sezione *Grammatica*).

8 SCRIVERE **Rubacuori!**

Obiettivo: sviluppare la produzione scritta mediante la stesura di un messaggio (mail/post) mirato a dare consigli in ambito amoroso; sviluppare la produzione orale negoziando il contenuto di un testo da redigere; sviluppare la capacità di pianificare ed elaborare in gruppo un testo scritto; reimpiegare la coniugazione dei verbi all'imperativo informale, seguiti o meno da pronome.

Procedimento: formare dei gruppi di tre. Far seguire l'istruzione del punto **a**. Questa prima fase è essenzialmente basata sul confronto orale, tuttavia si consiglia di suggerire agli studenti di prendere appunti. Invitare i gruppi a elaborare almeno quattro/cinque consigli e dare circa 10-15 minuti di tempo. Procedere poi con l'istruzione del punto **b.**, tenendo presente quanto indicato nell'introduzione circa le attività di produzione scritta. Ricordare agli studenti che il testo dovrà essere avere la forma di una mail o di un post. Alla fine si può decidere di far leggere in classe gli elaborati dei vari gruppi.

 9 PARLARE **Amici per davvero?**

Obiettivo: sviluppare la produzione orale attraverso un confronto sul tema dell'amicizia fra ragazzi di sesso diverso.
Procedimento: formare delle coppie (preferibilmente composte da un ragazzo e una ragazza), procedere poi tenendo presente quanto indicato nell'introduzione circa le attività di produzione orale.

10 ANALISI GRAMMATICALE *Alcuni/e, qualche*

Obiettivo: scoprire uso e significato degli indefiniti *alcuni/e* e *qualche*.
Procedimento: far seguire la consegna tenendo presente quanto indicato nell'introduzione circa le attività di analisi grammaticale. Concludere l'attività con un confronto a coppie, infine con una verifica in plenum.
Soluzione: a. vero; **b.** vero; **c.** vero; **d.** falso; **e.** falso; **f.** vero

Come funziona?

Le quantità indeterminate e il partitivo
Mostrare il box a conclusione del punto **10** aggiungendo, se lo si ritiene opportuno, qualche esempio per i vari indefiniti e il partitivo.

11 GIOCO Che disordine!

Obiettivo: reimpiegare e fissare la forma dell'imperativo informale seguito da pronomi.

Procedimento:

11.a per far capire il meccanismo del gioco, scrivere le formule *Lo sposto? - Sì, spostalo./No, non spostarlo.* alla lavagna, e simulare il gioco in classe con gli oggetti a disposizione, posizionandosi vicino a uno studente (far memorizzare allo studente la posizione di alcuni oggetti su un banco, poi cambiarne l'ordine, chiedergli: *Il quaderno, lo sposto?* e rispondere *Giusto!/Sbagliato* in funzione della correttezza della sua risposta). Formare poi delle coppie (studente A e studente B): il primo studente apre il libro a pagina 88, il secondo a pagina 144.

11.b Far seguire la consegna. Durante i 3 minuti gli studenti osservano la legenda se non conoscono il nome degli oggetti raffigurati; possono inoltre fare tutte le domande necessarie all'insegnante.

11.c Far seguire la consegna assicurandosi che nessuno studente "sbirci" la propria immagine (a pagina 88 per lo studente A, a pagina 144 per lo studente B). Sottolineare che la domanda e le risposte devono seguire gli esempi dati. Trattandosi comunque di un gioco mnemonico, è necessario far capire che l'essenziale è ricordare la posizione degli oggetti, piuttosto che concentrarsi sull'uso corretto dei pronomi. Chiarire solo alla fine eventuali dubbi. Dare 20 minuti di tempo per lo svolgimento del gioco. In caso di disaccordo l'insegnante funge da arbitro.

12 PROGETTO FINALE Cortometraggio "Un amore impossibile"

Obiettivo: integrare codici diversi (filmico e testuale); sviluppare la capacità di organizzazione e cooperazione; stimolare la creatività; sviluppare la produzione orale e scritta; gestire strumenti multimediali.

Procedimento:

12.a formare gruppi di quattro e fare in modo che ciascun gruppo disponga di un computer collegato alla rete. Far seguire la consegna, dando non meno di 30 minuti di tempo per la visione dei cortometraggi. Questa fase serve a ispirare gli studenti, pertanto si consiglia di invitarli a prestare attenzione alle soluzioni creative adottate dagli autori dei video per trattare un dato tema (piccoli oggetti inanimati, semplici disegni, ecc.). **VARIANTE:** se non si hanno a disposizione diversi computer, prevedere una visione dei cortometraggi unica per l'intera classe.

12.b Far seguire la consegna. Per la stesura del soggetto del cortometraggio si possono seguire le istruzioni presentate nell'introduzione relativamente alla produzione scritta. Dare massimo 2 ore di tempo.

12.c Far seguire la consegna. È importante mantenere distinta questa fase rispetto a quella precedente perché il lavoro risulti accurato. Specificare che il video può anche non prevedere dialoghi, bensì solo didascalie, o musiche di sottofondo. Dare massimo 2 ore di tempo.

12.d Far seguire la consegna e invitare gli studenti a dividersi i compiti. Nel caso non avessero previsto di filmare attori, bensì oggetti o disegni, rammentare che a ogni studente andrà comunque attribuito un compito preciso. Anche in questa fase possono essere necessari dei computer collegati alla rete per la ricerca di musiche, eventuali immagini, ecc. Se è necessario, parte del lavoro di costruzione o ricerca del materiale può essere svolto a casa. In classe dare massimo 2 ore di tempo.

12.e Assicurarsi che i gruppi abbiano la strumentazione necessaria per effettuare riprese. Far seguire la consegna e dare 1 ora di tempo. **VARIANTE:** se non si ha la possibilità di filmare il cortometraggio, sostituire con una drammatizzazione.

Mi piaci!

Scheda culturale 6

Viva gli sposi!

Obiettivo: scoprire le diverse tradizioni italiane legate alla celebrazione del matrimonio.

Procedimento:

1 far seguire la consegna, procedere poi con un confronto a coppie, infine in plenum. Alla fine dell'attività si può avviare un confronto tra studenti sulle tradizioni legate al matrimonio nel proprio paese e/o nella propria regione.

2 L'attività può essere svolta in piccoli gruppi (o eventualmente a casa). In classe può essere necessario un intervento risolutivo da parte dell'insegnante se la ricerca in rete risulta troppo lunga o difficile. Anche questa attività si presta a un confronto sui proverbi di diversi paesi e/o regioni legati al tema del matrimonio. **VARIANTE:** nel caso non fossero disponibili computer collegati alla rete, consegnare agli studenti i significati dei quattro proverbi e invitarli ad abbinarli ai proverbi stessi.

Una seconda possibilità 6

Riassunto: Sara afferra la tessera del giornalista scomparso senza farsi vedere da Mosè, apparso alle sue spalle. Appena uscita dalla libreria, telefona a Claudio e gli dà appuntamento in un caffè. Qui racconta all'amico che il giornalista è sparito nel nulla e che bisogna allertare la polizia. Claudio cerca di dissuaderla: non le crederebbero in ogni caso. Sara approfitta del loro incontro per indagare sulle sue frequentazioni poco raccomandabili, ma il ragazzo, indispettito, se ne va, lasciando Sara furibonda. O lei, o quei brutti ceffi!

Attività proposta: formare dei gruppi di due/tre studenti e invitarli a immaginare l'incontro dei due protagonisti al caffè, l'ordinazione delle bevande e la parte del racconto mancante di Sara. Far quindi drammatizzare tutta la scena - comprese le ultime tre vignette e i relativi dialoghi - attraverso un role play.

L'arTe a portata di click

comunicazione	grammatica	lessico	testi scritti e *orali*	scheda culturale
• scrivere una biografia immaginaria • fornire e chiedere chiarimenti e conferme • fare una telefonata in un ufficio informazioni turistiche • realizzare una video-audioguida per un museo	• gli avverbi in -*mente* • i verbi seguiti da infinito o preposizione + infinito • l'imperativo formale regolare e irregolare, con o senza pronomi	• la gita scolastica • le espressioni *mille grazie/grazie mille, certamente, senz'altro* • modi di dire con i numeri: *cento/mille di questi giorni, avere mille cose da fare/mille problemi/mille pensieri per la testa*	• particolo su musei e nuove teconologie • *telefonata a un ufficio informazioni turistiche*	• Luoghi d'arte a misura di weekend (piccole e grandi città d'arte italiane)

 1 INTRODUZIONE **Musei tecnologici**

Obiettivo: ampliare le proprie conoscenze rispetto ai più importanti musei italiani e alle loro risorse di rete.

Procedimento:

1.a portare gli studenti in aula informatica, formare dei gruppi di tre e far seguire la consegna. Dare 5 minuti di tempo. Concludere con una verifica in plenum.

1.b Assegnare una postazione internet a ciascun gruppo, far seguire la consegna, concludere poi con una verifica in plenum risolvendo eventuali dubbi. Dare 5 minuti di tempo. **VARIANTE:** se non si dispone di un'aula informatica, gli studenti possono provare a indovinare la soluzione, che l'insegnante fornirà alla fine.

Soluzione: **1.a** 1./d.; 2./b.; 3./i.; 4./g.; *5./f.*; 6./a.; 7./e.; 8./h.; 10./9. **1.b** Offrono un tour virtuale on line: b., c., d., e., f., g., h. (per ulteriori informazioni sui luoghi menzionati si rimanda ai siti ufficiali: www.acquariodigenova.it, www.reggiadicaserta.beniculturali.it, www.uffizi.firenze.it, www.regione.sicilia.it, www.comune.pompei.na.it, www.mv.vatican.va, www.museodelnovecento.org, www.palazzoducale.visitmuve.it, www.museocinema.it)

2 LEGGERE **Una visita virtuale**

Obiettivo: sviluppare la comprensione scritta attraverso la lettura di un articolo informativo sulle nuove tecnologie applicate agli ambienti museali.

Procedimento:

2.a invitare gli studenti a leggere l'intero l'articolo prima di svolgere il compito richiesto. Tenere presente quanto indicato nell'introduzione circa le attività di comprensione scritta. Dare 10 minuti di tempo per far seguire la consegna individualmente e procedere poi con più confronti a coppie. Concludere con una verifica in plenum.

2.b Far seguire la consegna individualmente. Specificare che andrà riletto tutto l'articolo al punto **2.a** e scelto un titolo in base alla logica. Dare 10 minuti di tempo. Concludere con un confronto a coppie.

2.c Far seguire la consegna individualmente. Sottolineare che in alcuni casi sono possibili diverse soluzioni, che però andranno motivate. Dare 10 minuti di tempo e procedere poi con un confronto a coppie. Risolvere infine eventuali dubbi residui in merito ai punti **2.b** e **2.c**.

Soluzione: **2.a** frasi invertite: e non si interesserebbero mai a una visita archeologica/in un viaggio che finisce con una parola chiave per vincere un gadget del Museo. **2.b** 1. **2.c** a./1-4 (o 1-5); b. 4-7 (o 5-7); c. 7-14; d. 14-15

Parole, parole, parole

La gita scolastica (il viaggio di istruzione)
Chiedere agli studenti se sono mai andati a visitare con la classe un museo o un sito archeologico con la classe (nel paese dove risiedono o all'estero) e quanto tempo vi sono rimasti. Raccolte le risposte, mostrare il box. Perché la gita si organizzi, è necessario un numero minimo di partecipanti e un contributo spese da parte delle famiglie degli studenti.

Come funziona?

Gli avverbi in -*mente*
Evidenziare nel testo al punto **2.a** le parole *normalmente* e *improvvisamente*. Chiederne il significato, poi invitare gli studenti a formulare ipotesi su come si formano parole dello stesso tipo. Mostrare il box e far fare alcune trasformazioni agli studenti.

L'arte a portata di click

TAG MY MUSEUM

I telefoni cellulari diventano strumento di apprendimento grazie a un progetto sperimentale realizzato per la prima volta in Italia nei Mercati di Traiano Museo dei Fori Imperiali a Roma. Si tratta di una "caccia al tesoro" – o meglio una "caccia ai contenuti" – attraverso la tecnologia dei tag, codici a barre bidimensionali. Ogni visitatore potrà partecipare al gioco utilizzando il proprio telefono – se predisposto – o quelli in dotazione presso la libreria del Museo. Potrà così fotografare i tag "decifrati" automaticamente da un plug-in che riproduce sul telefono i contenuti. Ogni tag rimanda a quello successivo generando una catena di contenuti che guiderà il visitatore attraverso uno speciale percorso di visita al Museo. Seguendo correttamente tutto il "viaggio" verrà svelata una parola chiave grazie alla quale si vincerà un gadget.

Musei in comune - Roma

Musei in comune Roma è un'iniziativa che nasce per creare un sistema comune tra numerosi musei romani attraverso un portale internet comune, la promozione delle opere e dei musei e l'organizzazione di iniziative per i visitatori (vedi www.museiincomuneroma. wordpress.com).

3 ASCOLTARE Una città, tante cose da fare
cd 23/cd 24

Obiettivo: sviluppare la comprensione orale attraverso una conversazione telefonica formale tra un turista e l'impiegata di un ufficio informazioni.

Procedimento:

3.a premettere che la **traccia 23** comprende lo spezzone finale di una conversazione più lunga. Far svolgere il compito individualmente, procedere poi con un confronto a coppie. L'insegnante non fornisce la soluzione, che sarà chiara al termine dell'attività successiva.

3.b Comunicare che la trascrizione corrisponde alla traccia ascoltata al punto precedente. Invitare gli studenti a ricostruire il dialogo senza ascoltare l'audio, far seguire la consegna e proporre poi più ascolti per verificare. Concludere con un confronto a coppie.

3.c Invitare gli studenti a osservare le parti sottolineate al punto **3.b** nel contesto. Dare 10 minuti di tempo per far seguire la consegna, procedere poi con un confronto a coppie, infine risolvere eventuali dubbi.

3.d Comunicare agli studenti che ascolteranno più volte la conversazione completa (**traccia 24**). Far seguire la consegna tenendo presente quanto indicato nell'introduzione circa le attività di comprensione orale. Procedere poi con più confronti a coppie e concludere risolvendo eventuali dubbi.

3.e Far seguire la consegna. Attenzione: nel libro gli eventi non vengono presentati nell'ordine in cui appaiono nella conversazione, e in una categoria non va spuntato alcun evento. Concludere con un confronto a coppie e risolvere infine eventuali dubbi.

Trascrizione cd 24

⊙ **Donna:** Ufficio Informazioni Turistiche di Napoli.
⊙ **Uomo:** Buongiorno. Senta, vorrei delle informazioni per trascorrere una settimana nella vostra città.
⊙ **Donna:** Benissimo.
⊙ **Uomo:** Può darmi alcune indicazioni su...
⊙ **Donna:** Certamente, certamente.
⊙ **Uomo:** Cosa visitare, vedere...
⊙ **Donna:** Certo. Scusi, eh...
⊙ **Mario:** Mi dica.
⊙ **Donna:** Potrebbe per piacere specificarmi le date?
⊙ **Uomo:** Oh, con mia moglie pensavamo di partire dal 20 al 27 dicembre.
⊙ **Donna:** Benissimo. Allora, Lei si troverà in un periodo molto ricco a Napoli. Ehm... Allora, Le posso consigliare, eh... di andare il 24 dicembre a, eh... ad una mostra che si intitola "Visite ai presepi napoletani"...
⊙ **Uomo:** Oh, interessante! Ho sentito che è una tradizione di Napoli...
⊙ **Donna:** Certamente. Eh... Napoli ha una tradizione antichissima per quanto riguarda il presepio. Ehm, vada...
⊙ **Uomo:** Ma hanno qualcosa di particolare?
⊙ **Donna:** Certamente, Le posso dire che ci sono degli artigiani che, ehm... si sono tramandati da padre in figlio, appunto, la tradizione di costruire il presepe. Ah... La cosa molto interessante è che sono animati...

○ **Uomo:** Oh! Sarà divertente per i miei figli!

○ **Donna:** Sì, molto... molto divertente e molto interessante e questa, questa è in via Duomo quindi nella parte centrale eh... E una volta che è lì... Ascolti, ora Le do un altro consiglio: vada a via San Gregorio Arma... Armeno e lì troverà le botteghe artigianali, ah... dove artigianalmente, vengono fatti, fatte le varie figure del... del presepio. Allora, quindi, essendo...

○ **Uomo:** Quindi oltre a poter comprare le statuette, eccetera, c'è anche la possibilità di visitare...

○ **Donna:** Di osservare.

○ **Uomo:** Un negozio...

○ **Donna:** Di osservare, visitare...

○ **Uomo:** Di artigianato, mentre costruiscono...

○ **Donna:** Sì, sì.

○ **Uomo:** Le statuette per il presepe?

○ **Donna:** C'è, quindi c'è la possibilità...

○ **Uomo:** Ah, bellissimo!

○ **Donna:** Molto molto bello.

○ **Uomo:** E per i ragazzi in particolare?

○ **Donna:** Allora, per i suoi figli Le consiglio, il 29 dicembre, una rappresentazione, eh... di marionette e burattini.

○ **Uomo:** Oh, potrebbe darmi anche delle indicazioni più precise sui prezzi e gli orari?

○ **Donna:** Certamente, certo e allora, questa... queste rappresentazioni avvengono dalle ore 11.00 alle ore 13.00.

○ **Uomo:** Ah, perfetto.

○ **Donna:** Di tutti i giorni e... Le do un consiglio: li prenoti su internet, i biglietti, perché questo sono eventi molto eh... popolari...

○ **Uomo:** Oh, ma, dal sito del Comune?

○ **Donna:** Sì. Lei vada sul sito del Comune, scarichi i programmi di Natale e quindi trova tutte le informazioni.

○ **Uomo:** Se poi decidiamo di fermarci ancora oltre il 27...Mi diceva che questa mostra sui burattini ci sarebbe eventualmente il 29 di dicembre?

○ **Donna:** Sì, il 29 di dicembre, però andrà... andrà avanti fino alla, fino alla Befana.

○ **Uomo:** Probabilmente allora prolungheremo la nostra permanenza a Napoli fino al 29.

○ **Donna:** Credo che non se ne pentirà.

○ **Uomo:** Oh, me lo dà l'indirizzo del sito?

○ **Donna:** Certamente: ah... www.comune.napoli.it.

○ **Uomo:** Grazie mille, allora. Arrivederci.

○ **Donna:** L'aspettiamo a Napoli.

○ **Uomo:** Senz'altro.

Soluzione: 3.a b. 3.b Vedi trascrizione della traccia 24. **3.c a.** grazie mille; **b.** certamente, senz'altro; **c.** allora; **d.** credo; **e.** arrivederci; **f.** oh. **3.d 1./b.; 2./c.; 3./b.; 4./b.; 5./c. 3.e d., f., h.**

Parole, parole, parole

La lingua dà i numeri

In italiano esistono molte espressioni italiane con i numeri e in particolare con il numero mille. Mostrare il box e chiedere agli studenti se esistono espressioni simili nella loro lingua. Ampliare eventualmente con altre espressioni, per es.: *avere i cinque minuti, in quattro e quattr'otto, non c'è due senza tre, fare quattro chiacchiere, un pezzo da novanta, ecc.*

4 ANALISI GRAMMATICALE **Verbo + infinito**

Obiettivo: scoprire la regola di funzionamento di alcuni verbi seguiti direttamente da infinito o da preposizione + infinito.

Procedimento:

4.a far seguire la consegna individualmente dando 10 minuti di tempo. Procedere poi con un confronto a coppie e risolvere infine eventuali dubbi.

4.b Formare delle coppie (o dei gruppi di massimo 4 studenti). Dare 10 minuti di tempo per rispondere alla domanda e fare degli esempi durante la verifica finale in plenum.

Soluzione: 4.a Verbo + infinito: *può creare/"potere" + infinito*, possono partecipare/"potere" + infinito, si possono decifrare/"potere" + decifrare; **Verbo + preposizione + infinito**: *ha permesso di arrivare/"permettere" + "di" + infinito*, (ci) ha permesso di ascoltare-entrare/"permettere" + "di" + infinito, ha pensato di sfruttare/"pensare" + "di" infinito, aiuta a coinvolgere/"aiutare" + "a" + infinito **4.b** Cfr. verbi trattati nel volume 1 e ripresi nel domino al punto **5.a** (volere, decidere di, piacere, accettare di, riuscire a, provare a, sognare di, cominciare a, finire di, dovere, preferire, permettere di)

L'arTe a portata di Click

5 GIOCO Domino

Obiettivo: reimpiegare e fissare l'uso di alcuni verbi seguiti da infinito o da preposizione + infinito.

Procedimento: assicurarsi che gli studenti conoscano il funzionamento del domino (la parte di destra di ciascun tassello deve concatenarsi alla parte di sinistra del tassello successivo per coerenza e logica; se l'intera successione di tasselli è corretta, il primo e l'ultimo chiudono il cerchio). Formare delle squadre e far seguire la consegna specificando che vincerà la squadra che finirà per prima. Ogni squadra può chiamare l'insegnante tre volte al massimo. Al terzo tentativo la squadra viene eliminata (questo al fine di evitare che gli studenti "tirino a indovinare").

Soluzione: *1.*, *12.*, **11.**, **4.**, **5.**, **3.**, **13.**, **2.**, **7.**, **8.**, **9.**, **10.**, **15.**, **6.**, **14.**, **16.**

6 SCRIVERE Opere che parlano

Obiettivo: sviluppare la produzione scritta; stimolare l'osservazione e l'immaginazione attraverso la visione di un'opera d'arte.

Procedimento: invitare gli studenti a osservare attentamente le opere raffigurate ricordando che dietro ogni dipinto si cela sempre una persona in carne e ossa, famosa o meno. Gli studenti devono immaginare di conoscere tutti i segreti dei soggetti dipinti. Fare qualche esempio con un paio di opere inventando la storia dei personaggi scelti. Far seguire la consegna dando 30 minuti di tempo. (Titoli e autori delle opere: La Gioconda/Leonardo da Vinci, Ritratto della Signora Cragnolini Fanna/Umberto Boccioni, Ritratto di Rodolfo II in veste di Vertunno/Giuseppe Arcimboldo, Madonna Sistina (dettaglio)/Raffaello Sanzio, David/Michelangelo Buonarroti).

7 ANALISI GRAMMATICALE Imperativo e pronomi

cd 25

Obiettivo: scoprire le regole di uso e formazione dell'imperativo formale regolare e irregolare, anche in presenza di pronomi.

Procedimento:

7.a specificare che si tratta della trascrizione di frammenti della conversazione già ascoltata al punto **3.d**. Far seguire la consegna, procedere poi con più confronti a coppie e concludere risolvendo eventuali dubbi.

7.b Far seguire la consegna invitando gli studenti a rispondere dopo aver osservato la trascrizione al punto **7.a**. Procedere poi con un confronto a coppie, infine con una verifica in plenum.

7.c Far seguire la consegna individualmente, procedere poi con più confronti a coppie, risolvere infine eventuali dubbi.

Soluzione: 7.a Senta, Scusi, *Mi dica*, Ascolti, vada, li prenoti, vada, scarichi. **7.b** b., c. **7.c** ascolti; ascoltare + "i" = ascolti; *prendere* + *"a"* = *prenda*; sentire + "a" = senta; forma positiva: li prenoti, mi dica; forma negativa: *non li prenoti, non mi dica*; imperativi formali irregolari: andare → vada; dire → dica

8 ANALISI DEL DISCORSO Chiedere informazioni e conferme

Obiettivo: focalizzare l'attenzione su modalità tipiche del parlato relativamente alle funzioni indicate; memorizzare parti di discorso (*chunks*) senza analizzarle dal punto di vista grammaticale.

Procedimento:

8.a specificare che le frasi trascritte, tutte pronunciate dal turista, sono estratte dalla conversazione già ascoltata al punto **3.c**. Far seguire la consegna individualmente, procedere poi con un confronto a coppie, infine un plenum.

8.b Invitare gli studenti a completare il dialogo singolarmente, utilizzando le parti di discorso del punto precedente che ritengono opportune e che dovranno modificare in base al contesto. Specificare che potranno esserci diverse soluzioni valide. Concludere con un confronto a coppie e raccogliere alcune proposte in plenum.

Soluzione: 8.a 1./a.; 2./c.; 3./b. **8.b** La soluzione è soggettiva. Esempi: **1.** Oh, potrebbe darmi anche gli orari?; **2.** Oh, ma in piazza?; **3.** Mi diceva che questo concerto è gratuito?

PARLARE Telefonata all'ufficio informazioni turistiche

Obiettivo: sviluppare la produzione orale attraverso una telefonata formale tra un'impiegata di un ufficio informazioni turistiche e un turista.

Procedimento: formare delle coppie e far leggere a ciascuno studente le proprie istruzioni. Posizionare i due studenti di spalle in modo che, proprio come avviene al telefono, non possano guardarsi in faccia, siano costretti a chiedere chiarimenti e ripetizioni, ecc. Dare 25 minuti di tempo. Se in classe sono presenti sedie fisse, gli studenti possono essere posizionati di spalle in piedi.

Ti ricordi?

L'imperativo informale con i pronomi
Obiettivo: reimpiegare l'imperativo informale regolare e irregolare, positivo e negativo, con o senza pronomi.
Procedimento: far seguire la consegna individualmente, procedere poi con più confronti a coppie, risolvere infine eventuali dubbi e/o rispondere a domande sul lessico del testo.
Soluzione: pensa, scegli, metti, comprale, crea, riempile, incollale, Decidi, lascia, metti, usa, posizionalo, divertiti, metterli, Fa'/Fai, riserva, Inserisci, appendi, circondala, accendi

 PROGETTO FINALE **Guida virtuale al Museo del Cinema**

Obiettivo: approfondire le proprie conoscenze rispetto al cinema; stimolare la collaborazione di gruppo; valorizzare capacità creative e originalità; mettere in pratica abilità linguistiche e non; concepire e organizzare una presentazione multimediale; maneggiare strumenti audiovisivi.
Procedimento: portare gli studenti in aula informatica, formare dei gruppi di tre e assegnare un computer connesso alla rete a ciascun gruppo. Far seguire le istruzioni indicate ai punti **a.**, **b.**, **c.**, **d**. Dare 5-10 minuti di tempo. Invitare gli studenti a svolgere in rete la ricerca descritta al punto **e.** o a immaginare l'uso cinematografico di un dato oggetto, sempre in collaborazione. Dare 20 minuti di tempo. Se la ricerca è svolta in rete, indicare un numero massimo di testi da reperire per ciascun oggetto; in caso contrario (se si usa l'immaginazione), far prendere appunti.

In un incontro successivo far seguire le istruzioni del punto **f**. Ricordare agli studenti che dovranno, oltre a descrivere gli oggetti in sé, fornire indicazioni spaziali (es. *entri nella stanza, vada a destra, si avvicini alla teca*, ecc.). Dare 30 minuti di tempo.

In un incontro ulteriore (o durante lo stesso, in funzione del tempo a disposizione), riportare la classe in aula informatica e procedere con il punto **g**. A turno, ciascun membro di un gruppo descrive gli oggetti scelti mentre un compagno, con il mouse, posiziona il cursore in un punto della sala selezionata. Dare 30 minuti di tempo e ricordare che la presentazione dovrà durare al massimo 3 minuti. Far registrare la guida come descritto al punto **h**.

Nello stesso incontro o in uno successivo, mostrare alla classe tutti i video collegando i vari dispositivi a un computer (eventualmente a sua volta collegato a un proiettore) o, nel caso di gruppi molto numerosi e/o se si ha poco tempo a diposizione, estrarre alcuni gruppi a sorte.

VARIANTE: se non si dispone di computer connessi alla rete, l'intero lavoro può essere svolto servendosi di fotografie o semplicemente di disegni fatti dagli studenti. Dopo aver formato dei gruppi di tre, l'insegnante chiede agli studenti di immaginare di dover realizzare un museo del cinema e raccoglie idee e suggerimenti sui film ritenuti di immensa importanza storica e artistica a livello mondiale (e/o su attori/registi e/o su oggetti vari, per es. il robot di "E.T."). A questo punto gli studenti disegnano i personaggi, e/o le locandine dei film, e/o gli oggetti selezionati e li distribuiscono nell'aula perché siano fruibili dai visitatori. Procedere con il punto **f**. In un incontro successivo o nello stesso incontro, dire agli studenti di immaginare di lavorare come guide del museo. Devono accogliere ciascun visitatore, condurlo verso un oggetto e descriverlo (es. *Venga da questa parte, si avvicini, guardi questo cappello*, ecc.). In ciascun gruppo ogni studente è responsabile della descrizione di un solo oggetto. Specificare che la durata massima dell'intervento dei tre studenti di ciascun gruppo sarà di 3 minuti, durante i quali sarà possibile o meno riprendere la visita guidata.

L'arte a portata di Click

Scheda culturale ⑦
Luoghi d'arte a misura di weekend
Obiettivo: scoprire i monumenti, la rilevanza artistica e il periodo storico di massimo sviluppo di alcune tra le più importanti città d'arte italiane al di fuori degli itinerari turistici più battuti.

Procedimento:

① far seguire la consegna, procedere poi con un confronto a coppie. Dare 20 minuti di tempo e concludere risolvendo eventuali dubbi residui.

② Formare dei gruppi e far seguire la consegna assegnando una ricerca diversa a ciascun gruppo. Dare 20 minuti di tempo. Alla fine mettere in comune tutte le informazioni raccolte.

Soluzione: 1 a./2.; b./1.; c./3.; d./4. **2** Urbino → foto **g.**; Ravenna → foto **c.** e **f.**; Lecce → foto **d.** ed **e.**; Verona → foto **a.** e **f.**

Una seconda possibilità

Riassunto: il giorno dopo Claudio decide di passare a casa di Sara, sempre intenta a fotografare la strada. Prova a scusarsi e a motivare l'atteggiamento ambiguo degli ultimi giorni, quando i due ragazzi vedono entrare nella libreria di Mosè il cantante dalla band degli "Indipendenti". L'artista aveva avuto problemi con la giustizia dopo aver provocato un incidente mentre guidava ubriaco, causando la morte del passeggero, il batterista del gruppo. Claudio ha un'illuminazione: che Mosè nasconda persone ricercate dalla polizia? Anche stavolta lascia Sara frettolosamente, senza fornire spiegazioni. Perché scappa sempre?

Attività proposta: dopo aver fatto leggere l'intera tavola, invitare gli studenti a concentrarsi su due misteri: l'atteggiamento ambiguo di Claudio e la sorte degli avventori della libreria. Formare due gruppi (ed eventualmente alcuni sottogruppi): il primo deve immaginare le spiegazioni chiarificatrici di Claudio e realizzare la striscia a fumetti corrispondente; il secondo deve immaginare una spiegazione alternativa a quello di Claudio in merito al mistero della libreria e realizzare la relativa striscia. Far conservare le strisce fino a quando gli studenti non avranno letto tutto il fumetto fino all'episodio 10. Alla fine verificare quale gruppo si è avvicinato maggiormente alla storia vera.

Buon appetito!

comunicazione	grammatica	lessico	testi scritti e *orali*	scheda culturale
○ descrivere le proprie abitudini alimentari ○ elaborare una dieta ○ fare paragoni/2 ○ ordinare al ristorante ○ preparare un piatto seguendone la ricetta ○ descrivere una ricetta tipica ○ fare una ricerca di argomento gastronomico	○ il superlativo relativo e assoluto del I e II tipo, forme regolari e irregolari (*il migliore, il peggiore, il maggiore, il minore*) ○ il *ne* partitivo	○ alimenti e ricette tradizionali in Italia ○ le percentuali ○ disturbi di salute ○ alimentazione e salute ○ *avere mal di..., mi fa/fanno male...* ○ espressioni per ordinare al ristorante ○ *volevo...* ○ le unità di misura del peso ○ utensili da cucina	○ articolo sulle abitudini alimentari delle nuove generazioni ○ ricetta gastronomica ○ *dialogo al ristorante tra una cameriera e due ragazzi*	○ Dolci tradizioni (specialità gastronomiche legate a feste tradizionali)

 INTRODUZIONE Il piatto giusto all'ora giusta!

Obiettivo: acquisire il lessico relativo ai principali alimenti consumati in Italia; scoprire il contenuto standard dei diversi pasti italiani.

Procedimento:

1.a chiedere alla classe quali sono i principali pasti degli italiani, attendere eventuali risposte e scriverle alla lavagna, integrandole se necessario. Far seguire la consegna e procedere poi con un confronto a coppie, infine in plenum, fornendo eventuali spiegazioni sulle abitudini alimentari degli italiani. In conclusione è opportuno spiegare che si tratta di una necessaria generalizzazione, poiché tali abitudini vanno cambiando per via dell'influenza dei regimi alimentari di altri paesi. Integrare eventualmente precisando che gli orari dei vari pasti possono variare da una zona all'altra dell'Italia (sono generalmente più tardivi nel Centro Sud).

VARIANTE: l'attività può essere trasformata in un gioco di velocità. Formare delle coppie: ognuna di loro dovrà, nel più breve tempo possibile, scrivere i pasti corrispondenti all'alimento raffigurato, come spiegato nella consegna. Quando una coppia ritiene di aver finito, chiama l'insegnante, che ferma il gioco e verifica l'abbinamento. Se non è accettabile, dice semplicemente "no" e fa riprendere il gioco. Vince la prima coppia che termina l'attività correttamente. Concludere con una verifica in plenum e fornire eventuali ulteriori spiegazioni sulle abitudini degli italiani (cfr. sopra).

1.b Formare delle coppie e far seguire la consegna. Concludere eventualmente con un confronto in plenum.

Soluzione: 1.a *pasta* → p/c; riso → p/c; biscotti → c/m; merendine → c/m; pizza → p/c/m; salumi/affettati → p/c/m; verdura → p/c; pesce → p/c; formaggio → p/c/m; uova → p/c; cereali → c/m; caffè → c/p/c/m; vino → p/c; tè → c/m; carne → p/c; panino p/c/m; cornetto → c; birra → p/c; cappuccino → c; latte → c/m; frutta → c/p/m/c; succo di frutta → c/p/c/m; spremuta → c/m; pane → c/p/c/m; patate → p/c; legumi → p/c

 LEGGERE Abitudini alimentari di nuova generazione

Obiettivo: sviluppare la comprensione scritta attraverso un articolo informativo sulle abitudini alimentari degli adolescenti italiani.

Procedimento:

2.a far seguire la consegna tenendo presente quanto indicato nell'introduzione circa le attività di lettura. Attenzione: due delle parole della lista vanno inserite due volte (cioè sia nel testo che nel titolo). Procedere con un confronto a coppie, infine in plenum.

2.b Far seguire la consegna. Procedere con un confronto a coppie, infine in plenum.

2.c Far seguire la consegna e condurre seguendo le istruzioni indicate nella variante dell'attività **1.a**.

Soluzione: 2.a la pizzeria, il fast food, il kebab, *i "fuori pasto"*, gli snack, il cibo, una dieta; titolo: la pizzeria, il fast food, i "i fuori pasto". **2.b 1./b; 2./b.; 3./c. 2.c a.** *sovrappeso;* **b.** obesità; **c.** grasso; **d.** dimagrire; **e.** ingrassare; **f.** allergie; **g.** intolleranze

▷ Buon appetito!

Parole, parole, parole

Percentuali
Mostrare il box specificando che le percentuali sono sempre seguite da un verbo al singolare (per es. *Solo il 3% circa degli adolescenti* **dichiara** *di seguire una dieta...*).

3 ESERCIZIO L'alimento giusto per ogni disturbo

Obiettivo: scoprire i nomi di alcuni dei più diffusi disturbi di salute; apprendere i nomi degli alimenti indicati per la cura di questi ultimi.

Procedimento: far seguire la consegna, procedere poi con un confronto a coppie, infine in plenum.

Soluzione: c./1./III; *a.*/2./V; **b./3./I-II**; **e./4./I**; **d./5./V**; **f./6./IV**; **g./7./II**; **h./8./IV**

Parole, parole, parole

Mostrare il box e far fare altri esempi agli studenti, utilizzando le altre espressioni che figurano al punto **3** (per esempio: *Ho mal di stomaco.* → *Mi fa male lo stomaco.*).

4 PARLARE Una dieta perfetta

Obiettivo: sviluppare la produzione orale; potenziare la capacità di estrapolare informazioni da un grafico; apprendere i nomi di alimenti e nutrienti; riflettere sul concetto di alimentazione sana; elaborare una tabella.

Procedimento: formare delle coppie e invitarle a leggere il breve testo. Assicurarsi che il testo sia chiaro a tutti, risolvendo eventuali dubbi. Fare in modo che ciascuna coppia abbia un computer a disposizione e invitare gli studenti a visitare il sito indicato nelle istruzioni (accedendo all'area "Piramide giornaliera" e agli allegati "Alimenti e nutrienti" e "Porzioni di riferimento"). Chiarire il significato di QB (*quantità benessere*) in base a quanto spiegato nel sito, quindi far preparare la tabella settimanale richiesta al punto **c.** delle istruzioni. Se non sono disponibili computer, fornire alle coppie di studenti fotocopie con la piramide alimentare

e altre informazioni su alimenti e nutrienti tratte dal sito.

ESPANSIONE (attuabile solo se si dispone di computer): per misurare la qualità della propria dieta settimanale o di quella pensata per l'attività, gli studenti possono entrare nell'area "Stile di vita settimanale", poi in "Come si gioca", creare un account personale seguendo le istruzioni del sito e fare il gioco-test, sempre in base alle istruzioni fornite.

5 ANALISI GRAMMATICALE Il superlativo relativo e il superlativo assoluto

Obiettivo: scoprire uso e formazione del superlativo relativo e assoluto di primo e secondo tipo.

Procedimento:

5.a e **5.b** far seguire la consegna, specificando che per il superlativo relativo sono possibili diverse opzioni. Procedere poi con un confronto a coppie, infine in plenum.

Soluzione: 5.a superlativo relativo: **a.** e **d.**; superlativo assoluto di primo tipo: **b.**, di secondo tipo: **c. 5.b** maggior (si procede al troncamento di *maggiore* perché precede un sostantivo)

Come funziona?

Principali superlativi relativi irregolari
Mostrare il box al termine dell'attività **5.b.**, sottolineando che sono ammesse sia le forme regolari che irregolari degli aggettivi elencati. Evidenziare inoltre il fatto che i superlativi relativi irregolari seguono la regola degli aggettivi in *-e*.

6 GIOCO Il gioco dell'oca "buongustaia"

Obiettivo: fissare le forme dei superlativi relativi e assoluti e dei comparativi di maggioranza e minoranza.

Procedimento: formare dei gruppi di 3-4 studenti e posizionarli in isole autonome (in modo che non di disturbino a vicenda). Fornire un dado a ciascun gruppo e far scegliere a ogni studente una pedina (un oggetto qualsiasi di piccole dimensioni: il tappo di una penna, una monetina, ecc.), quindi far cominciare il gioco in base alla consegna. L'insegnante non interviene, ma resta a disposizione per qualun-

que dubbio. Se si desidera far giocare gli studenti con un tabellone di maggiori dimensioni, sul sito www.almaedizioni.
it è scaricabile (gratuitamente, previa iscrizione) un PDF da
stampare: accedere alla home page, poi entrare nel minisito dedicato al corso *Parla con me* e selezionare il volume 2.
Soluzione: 1. Le merendine sono meno sane delle bana-
ne.; **2.** La pizza è molto pesante per cena.; **3.** La pasta è il
più amato tra i primi piatti.; **4.** Il formaggio è più grasso
del prosciutto.; **6.** La carne è meno leggera del pesce.; **7.**
L'Italia e la Spagna sono i più grandi produttori di agrumi
d'Europa.; **8.** Il miele è molto energetico.; **9.** La pasta fatta
in casa è la più buona di tutte.; **10.** Il caffè con il sale è catti-
vissimo.; **12.** Il vino americano è meno conosciuto del vino
italiano.; **13.** Il pomodoro è usatissimo nella cucina italiana.; **14.** Il gelato italiano è il più apprezzato al mondo.; **15.**
Il parmigiano è il più esportato tra i formaggi italiani.; **16.**
La pizza è diffusissima nel mondo.; **17.** Lo zucchero è meno
sano del miele.; **18.** I succhi di frutta sono più naturali delle
bibite gasate.; **20.** Il caffè italiano è molto forte.

Ti ricordi?

Imperativo formale e pronomi
Obiettivo: fissare uso e forme dell'imperativo formale
seguito o meno da pronomi.
Procedimento: far seguire la consegna, procedere poi
con un confronto a coppie, infine in plenum.
Soluzione: faccia; aggiunga; Beva; eviti; aumenti; mangi; la porti; la consumi; si dimentichi; mangi; si ricordi

7 ASCOLTARE Al ristorante
cd 26/cd 27

Obiettivo: sviluppare la comprensione orale mediante un
dialogo al ristorante alternatamente formale e informale
tra tre persone.
Procedimento:

7.a far ascoltare il primo frammento di una conversazione al ristorante (**traccia 26**) e far seguire la consegna, concludendo con un confronto a coppie.

7.b Far ascoltare la conversazione completa (**traccia 27**),
far seguire la consegna, procedere poi con un confronto a coppie.

7.c Far seguire la consegna, procedere poi con un confronto a coppie e concludere risolvendo possibili
dubbi sui vari piatti presentati nel menù. Integrare eventualmente indicando altre rubriche del menù, qui assenti
(*dolci/dessert, bevande/bibite, coperto*).

Trascrizione cd 27

○ **Cameriera:** Ciao, ragazzi, dovete mangiare?
○ **Ragazzo:** Sì, sì, dobbiamo mangiare.
○ **Cameriera:** Quanti siete?
○ **Ragazzo:** Eh... In due.
○ **Cameriera:** Vediamo se ho un tavolo libero. Sì, ne
ho uno libero lì, nell'angolo, vi va bene?
○ **Ragazzo:** È troppo vicino all'area fumatori, non mi
va bene.
○ **Cameriera:** Allora guardo se ne ho uno un po' più
lontano. Eccolo, guarda. Quello là va bene, vicino alla
finestra?
○ **Ragazzo:** Perfetto.
○ **Cameriera:** Ottimo, accomodatevi pure. Allora
vi lascio il menù, come vedete ci sono gli antipasti,
i primi piatti, i secondi piatti e i contorni. Nell'ultima
pagina del menù ci sono le pizze. Vado un attimo... a
vedere di là, voi intanto scegliete.
○ **Ragazzo:** Ok, grazie. Allora... mousse di
mortadella, hm, non mi piace... tigelle e crescente con
squacquerone e salumi. Io prenderei delle tigelle, però
quante ne prendiamo?
○ **Ragazza:** Prendiamone due.
○ **Ragazzo:** Sì, dai. Invece vuoi qualcos'altro, lì negli
antipasti?
○ **Ragazza:** Hm... Salumi.
○ **Ragazzo:** Ok. Allora... primi piatti: passatelli in
brodo, lasagne al ragù, gnocchi di patate al sugo di
pomodoro e tortelli di zucca.
○ **Ragazza:** Cos'è gnocchi di patate al sugo di
pomodoro?
○ **Ragazzo:** Eh, sono... è una pasta fatta appunto
con le patate, eh... col sugo di pomodoro, appunto.
○ **Ragazza:** Ah, ok.
○ **Ragazzo:** Invece io non capisco cos'è... i tortelli
di zucca. Chiederemo alla cameriera dopo... Secondi
piatti: cotoletta alla bolognese, bollito con salsa verde,
polpettine con piselli e bistecca. Secondo me dovresti
prendere la bistecca perché... secondo me ti piace.
○ **Ragazza:** Ah, ok, va bene.

▷ Buon appetito!

○ Ragazzo: Io invece prenderò la cotoletta.

○ Cameriera: Ragazzi, avete deciso?

○ Ragazzo: Sì, sì.

○ Cameriera: Come antipasti ci sono delle ottime tigelle oppure anche degli ottimi salumi.

○ Ragazzo: Eh... Io prenderei delle tigelle, ne prendiamo due.

○ Cameriera: Va bene, per te?

○ Ragazza: Hm... Salumi.

○ Cameriera: D'accordo. Invece di primi piatti avete deciso che cosa ordinare?

○ Ragazzo: Eh... Volevo sapere cosa sono i tortelli di zucca prima.

○ Cameriera: È una pasta ripiena e all'interno c'è ricotta e zucca. Se vi piace la zucca sono molto buoni.

○ Ragazzo: Sì, mi ha convinto, prendo i tortelli di zucca, io.

○ Cameriera: Per te?

○ Ragazza: Niente.

○ Cameriera: Va bene. Di secondo invece che cosa avete deciso?

○ Ragazzo: Ah... Cotoletta alla bolognese.

○ Cameriera: Per te?

○ Ragazza: Bistecca.

○ Cameriera: Va bene. Contorno lo volete?

○ Ragazzo: Volevo sapere cos'era il friggione.

○ Cameriera: Il friggione, anche questo è un piatto tipico bolognese con la salsa di pomodoro, cipolla, e cotto per molte ore.

○ Ragazza: Con che cosa?

○ Cameriera: Eh... Salsa di pomodoro e cipolla.

○ Ragazza: Hm... No.

○ Cameriera: Che cosa vuoi?

○ Ragazza: Patate fritte.

○ Cameriera: Per te?

○ Ragazzo: No, io passo.

○ Cameriera: E da bere volete qualcosa?

○ Ragazza: Hm... Acqua.

○ Cameriera: D'accordo.

○ Ragazzo: L'acqua va bene. Però... Mi scusi, quante tigelle abbiamo preso?

○ Cameriera: Ne ho segnate due.

○ Ragazzo: No, per me ne va bene una. Abbiamo ordinato tante cose.

○ Cameriera: D'accordo, allora ne prendete una?

○ Ragazzo: Sì, sì.

Soluzione: 7.a 3.; 7.b 1./a.; 2./c.; 3./b.; 4./b. 7.c 1. Antipasti; *a. mortadella*; **c.** salumi; **2.** Primi piatti; **b.** lasagne; **c.** patate; **d.** tortelli; **3** Secondi piatti; **c.** piselli; **d.** bistecca; **4.** Contorni; **b.** fritte; Lui: **1./b**, **2./d.**, **3./a.**; Lei: **1./c.**, **3./d.**, **4./b.**

Gastronomia regionale

Regione che vai, cucina che trovi: la particolarità della cucina italiana risiede nelle varietà regionale ben caratterizzata. Sono da ricordare, tra le molte tradizioni locali: l'elaborata cucina piemontese, basata su prodotti eccellenti quali tartufo bianco e carni pregiate; la cucina pugliese, ricca di verdure; quella sarda, sia costiera, che propone saporiti piatti di pesce e squisite aragoste, che interna, ricca di sapori forti, come le carni suine e ovine; l'emiliana, con tante varietà di pasta fatta in casa, anche ripiena; la ligure, semplice ed estremamente raffinata. Tra i numerosi siti di riferimento correlati, segnaliamo: www.chefsilvia.it (e la sezione "Cucina regionale").

La cucina bolognese

La ricchezza gastronomica di Bologna è principalmente dovuta alla presenza dell'Università (fondata nel 1088), che faceva confluire nella città studenti, professori e intellettuali di varia provenienza. Due sono gli elementi che identificano tale gastronomia: la pasta all'uovo (ripiena o meno) e la carne di maiale. Questi due elementi si declinano in una varietà di prodotti tipici che vanno dalla mortadella di Bologna, al ragù, ai tortellini, alle tagliatelle, ecc. Fra le numerose altre specialità figurano: il friggione, le lasagne verdi, la cotoletta.

8 ANALISI LESSICALE Al ristorante
cd 28/cd 29

Obiettivo: acquisire formule utili per prendere posto, chiedere informazioni sui piatti e ordinare al ristorante.

Procedimento:

8.a formare delle coppie, far completare le battute e procedere con un confronto a coppie. Ripetere il confronto anche dopo l'ascolto di verifica della **traccia 28**.

8.b Far lavorare gli studenti in base alla consegna mantenendo le coppie precedentemente formate. Dopo l'ascolto di verifica della **traccia 29** far recitare gli studenti

due volte, in modo che possano invertire i ruoli.
Soluzione: **8.a** *1./b.*; **2./f.**; **5./e.**; **6./a.**; **7./c.**; **9./d.** **8.b** 3, 2, 4, 8, 5, 6, 7, 1, 9, *10*

Volevo
Sottolineare l'uso di *volevo* nel dialogo del punto **8.b** e mostrare poi il box. Per chiarirne meglio la funzione fare ulteriori esempi in situazioni simili (per esempio, al banco salumi e formaggi: *Volevo del parmigiano grattuggiato.*). Evidenziare infine che, sebbene entrambe le forme (*volevo* e *vorrei*) siano diffuse e accettate, l'imperfetto si utilizza soprattutto nel parlato.

9 PARLARE **Cena di fine anno**

Obiettivo: sviluppare la produzione orale attraverso un role play tra un cameriere e un ragazzo che deve prenotare un tavolo per la classe.
Procedimento: far seguire la consegna tenendo presente quanto indicato nell'introduzione circa le attività di produzione orale immaginaria. Si consiglia di fare in modo che gli studenti A non leggano le istruzioni degli studenti B e viceversa (eventualmente fotocopiandole su bigliettini, da distribuire separatamente). Formare delle coppie e distribuirle in punti distinti della classe in modo che non si disturbino a vicenda. Se il numero degli studenti è dispari, formare un gruppo di tre (due ragazzi e un cameriere).

10 ANALISI GRAMMATICALE **Il *ne* partitivo**

Obiettivo: scoprire uso, funzione e posizione della particella partitiva *ne*.
Procedimento:
 10.a e **10.b** far seguire la consegna delle attività, procedere poi con un confronto a coppie, infine in plenum. Attenzione: i dialoghi qui proposti non sono del tutto identici a quelli della conversazione al punto **7**.
Soluzione: **10.a** **1.** *tavolo*; **2.** tigelle; **3.** tigelle. **10.b** la parte di una quantità già nominata; un pronome diretto; concorda (attenzione: concorda solo quando il *ne* svolge la

funzione di partitivo, altrimenti non c'è accordo, es.: *Hai parlato con qualcuno dei tuoi problemi al lavoro? Sì, **ne** ho parlato con mio fratello.*)

11 LEGGERE **Una ricetta italiana**

Obiettivo: sviluppare la comprensione scritta mediante un testo di tipo regolativo (una ricetta culinaria); acquisire conoscenze su una ricetta tipica italiana di larghissima diffusione.
Procedimento:
 11.a far seguire la consegna, procedere poi con un confronto a coppie e restare a disposizione per eventuali dubbi su lessico e procedure da seguire.
11.b Questa attività mira a mostrare le numerose varianti italiane della medesima ricetta, facendo esercitare al tempo stesso gli studenti alla comprensione orale. Formare delle coppie e fare in modo che ciascuna di loro disponga di un computer connesso alla rete. Dare 20-30 minuti di tempo per la ricerca indicata nella consegna, quindi chiedere quante varianti della stessa ricetta hanno trovato. L'attività si può concludere invitando gli studenti a realizzare un cartellone unico con le diverse ricette.
VARIANTE: se non sono presenti computer, l'insegnante può mettere a disposizione delle coppie ritagli e articoli con le varie versioni della ricetta, che avrà precedentemente scaricato e stampato prima di recarsi in classe. Il cartellone finale sarà quindi un collage dei vari articoli scelti dagli studenti, con eventuali commenti e illustrazioni personali.
Soluzione: **11.a** 3, 2, 4, 1

Unità di misura del peso
Prima mostrare il box attirare l'attenzione degli studenti sull'abbreviazione *g* (*grammi*) che compare nella ricetta, chiedendone loro il significato. Sottolineare che la parola *etto* è molto diffusa in Italia e sostituisce quasi sistematicamente, in ambito culinario e alimentare, l'espressione *cento grammi.*

Buon appetito!

12 **SCRIVERE** **Sapori di casa mia**

Obiettivo: sviluppare la produzione scritta mediante la descrizione di un piatto tipico.

Procedimento: si consiglia di lasciar scegliere agli studenti il genere di testo da sviluppare (corredato da disegni, o foto): un articolo descrittivo sul piatto e le tradizioni a cui si lega (feste, ricorrenze ecc.), o una vera e propria ricetta di cucina. È inoltre possibile che uno studente scelga un piatto non necessariamente legato al suo paese di provenienza. Tenere presente quanto indicato nell'introduzione circa le attività di produzione scritta. Dare circa 30 minuti di tempo e concludere eventualmente appendendo in classe i vari testi prodotti.

13 **PROGETTO FINALE** **Tradizioni in cucina**

Obiettivo: sviluppare la comprensione scritta e la produzione orale; eseguire ricerche tematiche in rete; potenziare la capacità di svolgere lavori di gruppo; strutturare ed eseguire una presentazione scritta e orale; realizzare un piatto tipico.

Procedimento: formare dei gruppi di tre e far seguire le varie istruzioni. Assegnare un computer connesso alla rete a ciascun gruppo. Se la scuola non dispone di spazi adibiti alla preparazione di cibi, si può chiedere agli studenti di preparare i piatti a casa, per poi dedicare una lezione alla presentazione e alla degustazione delle varie pietanze (in questo caso si opterà per alimenti in grado di mantenere le proprie qualità organolettiche per almeno un paio d'ore).

VARIANTE: nel caso in cui non ci fossero computer a disposizione, l'insegnante porta in classe riviste di cucina, ricettari, articoli gastronomici e foto delle città e/o regioni a cui appartengono i piatti selezionati. I gruppi realizzano un cartellone facendo un collage dei testi scelti e aggiungendo eventuali commenti, disegni o foto.

Scheda culturale
Dolci tradizioni

Obiettivo: ottenere informazioni sui dolci italiani legati alle principali festività; sviluppare la comprensione scritta; affi-

nare la capacità di eseguire ricerche.

Procedimento:

1 e **2** far seguire le consegne individualmente, procedere poi con un confronto a coppie.

3 Questa ricerca può essere svolta individualmente a casa in base alla consegna. Gli studenti possono poi confrontare in plenum i risultati ottenuti durante la lezione successiva.

Soluzione: **1** colomba; **2.** pandoro; **3.** *castagnole*; **4.** pizza di Pasqua; **5.** panpepato; **6.** panettone

2

Nome	Quando si mangia	Luogo di origine	Forma	Alcuni ingredienti
panettone	a Natale	Milano	alto	uvetta e canditi
pandoro	a Natale	Verona	a tronco di cono con base a stella	uova e vaniglia
panpepato	a Natale	Ferrara, Terni e Basso Lazio	tondeggiante	frutta secca e spezie
colomba	a Pasqua		a forma di colomba	zucchero e mandorle
pizza di Pasqua	a Pasqua	Umbria e Marche	simile al panettone	formaggio

Una seconda possibilità

Riassunto: è venerdì; Sara, rimasta a casa perché raffreddata, cerca notizie in rete sul cantante degli "Indipendenti" e il giornalista scomparso. Scopre che entrambi hanno finito di scontare pene di detenzione, saldando così il proprio conto con la giustizia. Claudio sbagliava, dunque: l'ipotesi che siano persone nascoste dal libraio perché ricercate dalla legge non può essere vera. Proprio mentre Sara si appresta a mandargli un SMS, dalla finestra lo vede entrare nella libreria di Mosè. Che intenzioni avrà?

Attività proposta: dividere la classe in due gruppi: coppie A e coppie B. Assegnare alle coppie A il titolo dell'articolo sul cantante degli "Indipendenti", e alle coppie B il titolo dell'articolo sul giornalista scomparso. Far scrivere i due articoli corrispondenti tenendo presente quanto indicato nell'introduzione circa le attività di scrittura. Alla fine le coppie si scambiano gli articoli prodotti.

Idoli di ieri, Idoli di Oggi

comunicazione	grammatica	lessico	testi scritti e *orali*	scheda culturale
• parlare dei propri idoli • raccontare abitudini passate/2 • raccontare un'esperienza nuova • indicare cosa serve per avere successo • scrivere e interpretare una canzone • girare un videoclip • interpretare una parte su copione	• il passato prossimo dei verbi modali • usi del passato prossimo e dell'imperfetto/2 • *molto* e *troppo* • i pronomi combinati	• alcune espressioni di gergo giovanile • *ridere di gusto, figurati, fare un giro, dato che*	• intervista a Filippo Sciacchitano • estratto della sceneggiatura de "L'Ultimo bacio" di Gabriele Muccino • *Questa è la mia vita* di Luciano Ligabue	• Slangopedia (gergo giovanile)

 INTRODUZIONE *Vorrei essere come...*

Obiettivo: approfondire la conoscenza dei compagni di corso confrontandosi sui propri idoli; sviluppare la produzione orale.
Procedimento: spiegare il significato della parola *idolo* fornendo un esempio personale riferito a tempi passati o presenti (purché l'idolo in questione risulti familiare agli studenti). Dare 5 minuti di tempo per far seguire la consegna, formare delle coppie e concludere con un confronto a coppie. Raccogliere infine alcuni risultati in plenum.

 LEGGERE **Nuovi miti del cinema**

Obiettivo: sviluppare la comprensione scritta attraverso un'intervista a una neostella del cinema; scoprire alcune espressioni molto diffuse nello slang giovanile.
Procedimento:

2.a spiegare cos'è lo slang/il gergo (giovanile, in questo caso); fornire eventualmente esempi nella lingua madre degli studenti, o in una lingua franca). Far seguire la consegna individualmente specificando che andranno inseriti segni di interpunzione (virgole, punti, virgolette...). Dare 10 minuti di tempo, procedere poi con un confronto a coppie. Concludere chiarendo eventuali dubbi.

2.b Invitare gli studenti a leggere il testo completo prima di vedere la domanda. Tenere presente quanto indicato nell'introduzione circa le attività di lettura. È possibile scegliere più di un aggettivo, sempre motivando la propria risposta. Concludere con un confronto a coppie.

2.c Dare 5 minuti di tempo per far seguire la consegna singolarmente, specificando che gli studenti dovranno scegliere in quale delle caselle inserire ciascuna frase. Procedere poi con più confronti a coppie e concludere risolvendo eventuali dubbi.

Soluzione: 2.a 1. negativo → *Si usa per dire "no".;* **2.** scialla → *Nel Lazio significa "stai tranquillo".;* **3.** fighetto → *Si usa per una persona che si sente* migliore degli altri perché è bella, o ricca, o vestita sempre alla moda.; **4.** In Liguria indica una persona non molto intelligente. **2.b** La risposta è soggettiva. **2.c a.** va nella prima casella; **b.** va nella quarta casella; **c.** va nella quinta casella

Come funziona?

Il passato prossimo dei verbi modali
Attirare l'attenzione, nel testo al punto **2.b**, sulla frase con il passato prossimo di un verbo modale + infinito (*Quando ho dovuto recitare per la prima volta...*). Copiare la frase alla lavagna e aggiungerne altre con lo stesso verbo al passato prossimo (seguito da un infinito transitivo o intransitivo). Chiedere "Come funziona l'ausiliare con i verbi modali?". Formare dei piccoli gruppi e invitarli a formulare ipotesi confrontandosi. Mostrare infine il box.

3 **ANALISI GRAMMATICALE** **Alternanza tra tempi verbali**

Obiettivo: approfondire la conoscenza della funzione dell'imperfetto da solo e/o in alternanza con il passato prossimo.
Procedimento:

3.a dare 10 minuti di tempo per far seguire la consegna individualmente, procedere poi con più confronti a coppie.

Idoli di ieri, idoli di Oggi

3.b Chiarire cosa si intende per fatto finito/concluso, azione che fa parte di una successione e stato d'animo con alcuni esempi alla lavagna. Far seguire le consegne individualmente sottolineando che sarà necessario rivedere le singole frasi nel contesto per capire la funzione del verbo. Dare 15 minuti di tempo. Procedere poi con più confronti a coppie e concludere risolvendo eventuali dubbi residui.

3.c Far seguire la consegna individualmente, assicurandosi che gli studenti non vedano il punto successivo. Concludere con un confronto a coppie, infine in plenum.

3.d Dare 5 minuti di tempo per individuare le tre espressioni, procedere poi con un confronto a coppie e concludere rispondendo a eventuali domande.

Soluzione:

3.a e **3.b**

parlare	Tempo verbale	Funzione del verbo
Ilcinemaitaliano lo **ha intervistato**.	passato prossimo	①
Come **sei entrato** a far parte del cast?	passato prossimo	①
È successo tutto per caso.	*passato prossimo*	①
Un giorno un mio amico mi **ha proposto** di andare a fare il provino per il personaggio di Luca...	passato prossimo	②
e io **mi sono presentato** un po' titubante...	passato prossimo	②
Ero spaesato, insicuro.	imperfetto	③
... Francesco (...) mi **ha richiamato**...	passato prossimo	②
... e insieme **abbiamo costruito** il personaggio di Luca.	passato prossimo	②
Quando **hai capito** che la parte era tua?	passato prossimo	①
Quel mese mi **hanno richiamato** per tre-quattro provini.	passato prossimo	②
Al quarto il regista mi **ha detto**...	passato prossimo	②
Come **ti sei trovato** sul set per la prima volta?	passato prossimo	①
Ero emozionato continuamente.	imperfetto	③
Quando **ho dovuto** recitare per la prima volta con Fabrizio Bentivoglio...	passato prossimo	②
... **ero** molto nervoso...	imperfetto	③
Poi (...) **mi sono ambientato**.	passato prossimo	②
Fabrizio mi **ha detto** di prendere questo lavoro come un gioco.	passato prossimo	②
Io, quindi, **ho cercato** di giocare.	passato prossimo	②
Quali sono le difficoltà che **hai trovato?**	passato prossimo	①
Non ci sono state delle difficoltà.	passato prossimo	①
Ho fatto molti provini...	passato prossimo	②
... e questo mi **ha dato** maggiore spontaneità sul set.	passato prossimo	②
Ho lasciato la scuola due anni fa.	passato prossimo	①
È stato un rapporto un rapporto un po' turbolento.	passato prossimo	①
In quel periodo **non avevo** molta concentrazione per stare a scuola...	imperfetto	③

3.c a. **3.d** ogni giorno; sempre; di solito

4 SCRIVERE **La prima volta che...**

Obiettivo: sviluppare la produzione scritta attraverso il racconto di un'esperienza personale straordinaria.

Procedimento: è bene che l'insegnante si metta in gioco raccontando un'esperienza propria che ai suoi occhi riveste un carattere eccezionale. Far seguire la consegna tenendo presente quanto indicato nell'introduzione circa le attività di scrittura. Dare 30 minuti di tempo.

5 ASCOLTARE *Questa è la mia vita*

cd 30/cd 31

Obiettivo: sviluppare la comprensione orale mediante un testo canoro; scoprire alcuni modi di dire.

Procedimento:

5.a formare delle coppie e far seguire la consegna. Dopo il confronto a coppie, raccogliere le varie ipotesi in plenum senza fornire soluzioni. Per eventuali informazioni biografiche su Luciano Ligabue, vedi *Parla con me 1*, *guida per l'insegnante*, pagina 43.

5.b Far ascoltare il ritornello (**traccia 30**) e seguire la consegna, procedendo poi con un confronto a coppie. Invitare gli studenti a giustificare le proprie ipotesi durante il confronto. Attenzione: sono possibili più risposte (vedi soluzione). Raccogliere le varie ipotesi in un plenum.

5.c Far ascoltare la canzone completa (**traccia 31**) a libro chiuso. Poi far aprire il libro e seguire la consegna. Procedere con un nuovo ascolto e un confronto a coppie, infine verificare in plenum.

5.d Far svolgere il compito individualmente, procedere poi a un confronto in piccoli gruppi. Concludere risolvendo eventuali dubbi residui.

Trascrizione cd 31

> **Questa è la mia vita – Luciano Ligabue**
> Questa è la mia vita
> Se ho bisogno te lo dico
> Sono io che guido
> Io che vado fuori strada
> Sempre io che pago
> Non è mai successo
> Che pagassero per me
> Questa è la mia vita

Se entri chiedimi il permesso
Portami una gita
Fammi ridere di gusto
Porta la tua vita
Che vediamo che succede
A mescolarle un po'
E ora che ci sei
Dato che ci sei
Fammi fare un giro
Su chi non sono stato mai
Dato che ci sei
Come io vorrei
Questa è la mia vita
Sono quello che ci pensa
Porta un paio d'ore
Una notte bella densa
Trattamela bene
Che al momento è solo questa
E poi vedremo poi
Questa è la mia vita
Certi giorni non si batte
Certi altri meno
È così che va per tutti
Certi giorni è poca
Certi giorni sembra troppa
E invece non lo è mai
E ora che ci sei
Dato che ci sei
Fammi fare un giro
Su chi non sono stato mai
Dato che ci sei
Come io vorrei
Questa è la mia vita
Tieniteli tu i consigli
Io non l'ho capita
Figurati se tu fai meglio
Porta la tua vita
E vediamo che succede
A mescolarle un po'
E ora che ci sei
Dato che ci sei
Fammi fare un giro
Su chi non sono stato mai
Dato che ci sei
Come io vorrei

Soluzione: 5.b sei, sei, sei; con una ragazza/con chi ascolta. **5.c** momento/bisogno; tutti/me; *meglio/permesso*; troppa/bella; giorni/consigli. **5.d a.** ridere di gusto; *b. figurati*; **c.** ci sei; **d.** fammi fare un giro; **e.** dato che

6 PARLARE L'essenziale dei VIP

Obiettivo: sviluppare la produzione orale scambiando opinioni su come sfondare nel mondo dello spettacolo; trovare una posizione comune durante un confronto verbale in cui emergono posizioni diverse.

Procedimento:

6.a e **6.b** chiedere agli studenti cosa significa per loro "avere successo". Invitarli a selezionare individualmente un'opzione in ciascuna colonna. Ogni risposta andrà motivata (eventualmente se ne possono fornire anche altre, se queste non sono giudicate appropriate). Formare dei gruppi di tre studenti e avviare il confronto, che deve concludersi con una posizione comune. Dare 30 minuti di tempo.

7 ANALISI GRAMMATICALE *Molto* e *troppo*

Obiettivo: scoprire forme, uso e funzione di *molto* e *troppo*.
Procedimento:

7.a far seguire la consegna individualmente (attenzione: fanno parte del testo anche le tre frasi del punto **2.c**).

7.b Dare 5 minuti di tempo per far completare definizioni e regole individualmente in base alla consegna. Procedere poi con un confronto a coppie e concludere risolvendo eventuali dubbi.

Soluzione: 7.a molto; molti; molto; molta; troppo. **7.b 1.** troppo; **2.** molto; **a.** Ho fatto **molti** provini.; Non avevo **molta** concentrazione.; **b.** Ero **molto** nervoso.; **c.** *Mi rivedo molto nei dialoghi.*; Ho cercato di non esagerare **troppo**.

Ti ricordi?

I superlativi
Obiettivo: fissare la forma del superlativo relativo e assoluto.
Procedimento: far seguire la consegna individualmente. Dare circa 15 minuti di tempo. Procedere poi con più confronti a coppie e concludere risolvendo eventuali dubbi.
Soluzione: i giovani più fedeli tra; i lettori più costanti d'Europa; interessantissimi; Il numero più alto di ore; il gradino più alto del podio; La cosa più interessante; il passatempo più amato tra i; altissima; ampissima

Idoli di ieri, idoli di oggi

8 SCRIVERE (BALLARE E CANTARE) La nostra canzone

Obiettivo: sviluppare la produzione scritta creando un testo abbinato a un ritmo musicale; elaborare una coreografia di gruppo; collaborare per l'integrazione di competenze differenti (ballo, canto); girare un videoclip.

Procedimento:

8.a formare dei gruppi di 5/6 studenti. Far ascoltare la base musicale della strofa e del ritornello, disponibile gratuitamente sul minisito dedicato a *Parla con me 2* (al quale si accede da www.almaedizioni.it), e invitare i gruppi a scrivere il testo della strofa. Far ascoltare la base musicale più volte prima, durante e dopo la scrittura. Dare 20 minuti di tempo.

8.b Far seguire la consegna specificando che la coreografia, benché di gruppo, dovrà risultare precisa e coordinata. Il video di riferimento è quello ufficiale di "Questa è la mia vita", disponibile sia su YouTube che sul minisito dedicato a *Parla con me 2* (accessibile via www.almaedizioni.it). Dare 30 minuti di tempo per l'intera attività.

8.c Una volta pronti testo e coreografia, ogni gruppo sceglie (o estrae a sorte) gli studenti-ballerini e gli studenti-cantanti. Dare 30 minuti di tempo perché i gruppi possano provare la coreografia con la base musicale (questa fase può essere rimandata a un incontro successivo). Ricordare di distribuire i gruppi in punti differenti dell'aula, in modo che non si disturbino a vicenda. Dopo 30 minuti far registrare il video o, se non si dispone di un dispositivo di registrazione, chiedere ai vari gruppi di presentare direttamente il loro lavoro davanti al resto della classe.

VARIANTE: in classi non troppo numerose si possono creare due gruppi, i cantanti/parolieri e i coreografi/ballerini. Ciascun gruppo prepara contemporaneamente il proprio materiale (il testo per i cantanti, la coreografia per i ballerini) in 40 minuti. Alla fine i gruppi si riuniscono e provano insieme unendo tutto il materiale prodotto. Quando sono pronti, si procede alla registrazione o all'esecuzione.

9 ANALISI GRAMMATICALE I pronomi combinati

Obiettivo: scoprire forme, uso e posizione dei pronomi personali combinati.

Procedimento: si tratta di un primo avvicinamento ai pronomi combinati, pertanto l'attività non pretende di essere esaustiva.

9.a Far seguire la consegna e procedere poi con un confronto a coppie.

9.b Far sottolineare i pronomi combinati presenti nei tre paragrafi del punto **9.a**. Far completare la tabella individualmente, procedere poi con un confronto a coppie.

9.c Prima di procedere con l'attività si può chiedere agli studenti di riflettere in coppia sulla posizione e la forma dei pronomi combinati. Dopo circa 5 minuti mostrare lo schema a pagina 126 e chiedere alle coppie di inserire le voci mancanti. Insistere sul fatto che occorre osservare i pronomi già presenti nello schema e quelli del punto **9.b** per ricavare logicamente la forma degli altri. Procedere con più confronti a coppie e concludere risolvendo eventuali dubbi.

Soluzione: 9.b 1. *mi (pronome riflessivo, "ricordarsi"), lo (pronome diretto), obiettivo;* **2.** *ti (pronome indiretto = a te), la (pronome diretto), la vita; se (pronome riflessivo, "aspettarsi"), lo (pronome diretto), successo*

9.c

Pronomi riflessivi	Pronomi indiretti	Pronomi diretti			
		lo	la	li	le
mi	mi	me lo	me la	*me li*	*me le*
ti	ti	te lo	te la	te li	*te le*
si	gli/le	*se lo/glielo*	*se la/gliela*	*se li/glieli*	*se le/gliele*
ci	ci	ce lo	*ce la*	ce li	ce le
vi	vi	*ve lo*	ve la	ve li	*ve le*
si	gli	*se lo/glielo*	*se la/gliela*	*se li/glieli*	*se le/gliele*

10 GIOCO Pronomi combinati

Obiettivo: fissare forma e regola d'uso dei pronomi combinati.

Procedimento: procurarsi dei dadi. Formare dei gruppi di quattro e distribuire un dado a ciascuno di essi. Fare un paio di esempi in plenum sul funzionamento del gioco; in particolare, far presente che ogni coppia dovrà avanzare del numero di caselle indicato dal dado (per esempio, se il dado indica 4, si avanza di quattro caselle, saltando quelle già conquistate). Specificare che non sarà possibile scrivere le risposte, trattandosi di un gioco orale. Specificare che ogni coppia dovrà formulare sia la domanda (studente A) che la risposta (studente B) e che l'altra coppia avrà il compito di controllare la correttezza di entrambe. L'insegnante resta a disposizione in caso di disaccordo tra le coppie. **VARIANTE:** gli studenti vengono divisi in due squadre. Le squadre hanno 10 minuti di tempo per visionare i due blocchi di caselle (non sono autorizzate a scrivere). A turno, uno studente della prima squadra formula una domanda: un membro della seconda squadra ha 20 secondi di tempo per rispondere, avvalendosi dell'aiuto dei propri compagni. Vince la squadra che fornisce più risposte esatte. Se la prima squadra formula una domanda scorretta, la seconda ha il diritto di non rispondere. L'insegnante interviene solo in caso di disaccordo.

Soluzione: la soluzione dipende dagli elementi selezionati.

11 PROGETTO FINALE Provini

Obiettivo: esercitare l'intonazione, la pronuncia, la gestualità e tutti gli elementi non strettamente verbali di una lingua; sviluppare la comprensione scritta; sviluppare la capacità di memorizzazione; recitare; sviluppare la capacità di cooperare.

Procedimento: formare delle coppie, far leggere il copione e seguire le istruzioni. Invitare gli studenti a stabilire insieme il carattere e i toni delle due persone coinvolte (che profilo psicologico hanno, qual è il loro stato d'animo durante l'incontro, che sentimento prevale in loro - meraviglia, curiosità, gioia, ecc.) e ad abbinare alle parole gesti, posizione

del corpo, movimenti, espressioni del viso. Dare 30 minuti di tempo. Chiedere poi alle coppie di redigere una lista di oggetti, musiche, abiti necessari alla realizzazione della scena (che siano comunque facilmente reperibili). Dare 20 minuti di tempo. L'insegnante resta a disposizione per eventuali domande sulla pronuncia e sulla prosodia. Specificare che per l'incontro successivo i ragazzi dovranno aver imparato la parte a memoria, provato e registrato la scena. Durante la lezione seguente procedere con la visione e la votazione. Tutti possono votare, salvo gli autori del video.

VARIANTE: se non è possibile realizzare e/o mostrare video in classe, alcune coppie estratte a sorte, o tutte se la classe non è troppo numerosa, possono mostrare la propria scena in un secondo incontro; in tal caso non vengono giudicate e sono accolte dall'applauso dell'intera classe.

Gabriele Muccino (1967)

Regista e sceneggiatore, arriva al successo con "Come te nessuno mai", del 1999. La pellicola è un ritratto dell'adolescenza di alcuni ragazzi di un liceo romano e riscuote un discreto successo alla Mostra del Cinema di Venezia. Nel 2001 "L'ultimo bacio", cinica e disillusa riflessione sulle difficoltà nella vita di coppia della sua generazione, lo consacra come uno dei protagonisti della scena cinematografica italiana. Il film si aggiudica cinque David di Donatello, tra cui quello per la miglior regia. Nel 2002 viene presentato oltreoceano al Sundance Film Festival, dove vince il premio del pubblico. Successivamente Muccino sbarca in America per dirigere "La ricerca della felicità" e "Sette anime", entrambi con Will Smith protagonista. Nel 2012 esce il sequel de "L'ultimo bacio", "Baciami ancora".

Scheda culturale 9
Slangopedia

Obiettivo: scoprire un fenomeno sociolinguistico rilevante tra le giovani generazioni; scoprire termini gergali giovanili.

Procedimento:

 1.a porre la domanda della consegna in plenum e raccogliere alcune ipotesi. Passare al punto successivo senza fornire la risposta.

Idoli di ieri, Idoli di Oggi

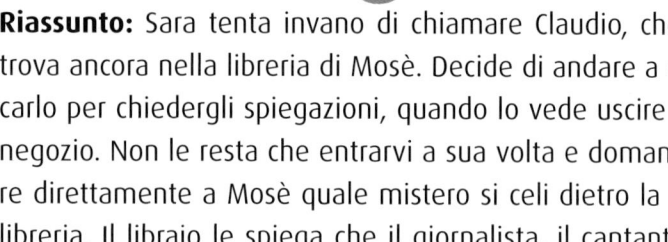 **1.b** e **1.c** Far seguire le consegne, procedere poi con più confronti a coppie e risolvere infine eventuali dubbi in plenum.

2 Formare dei piccoli gruppi e invitarli a formulare ipotesi sulle parole della lista, procedere poi con la ricerca in rete e discutere infine in plenum sui risultati trovati. Se non si dispone di una connessione alla rete, l'insegnante può distribuire dei foglietti con le soluzioni, che gli studenti (in coppia) dovranno abbinare al termine corrispondente.

Soluzione: 1.b c. **1.c** 1./c.; 2./c.; 3./a. **2** spesa → sesso; (prendere un) palo → rifiuto amoroso; dentiera → professoressa o persona anziana; viaggio → epiteto utilizzato per attirare l'attenzione di qualcuno; limone → persona che sta sempre insieme a ragazze brutte

Una seconda possibilità ⑨

Riassunto: Sara tenta invano di chiamare Claudio, che si trova ancora nella libreria di Mosè. Decide di andare a cercarlo per chiedergli spiegazioni, quando lo vede uscire dal negozio. Non le resta che entrarvi a sua volta e domandare direttamente a Mosè quale mistero si celi dietro la sua libreria. Il libraio le spiega che il giornalista, il cantante e Claudio si sono rivolti a lui perché avevano commesso degli errori nella vita.

Attività proposta: far leggere l'episodio individualmente e invitare gli studenti, in coppia, a ricordare quali errori hanno commesso i personaggi precedentemente visti da Sara in libreria (incluso Claudio). Gli studenti rispondono poi alla domanda: che aiuto può offrire un libraio a queste persone? Il confronto in plenum avverrà dopo la lettura dell'ultimo episodio.

comunicazione	grammatica	lessico	testi scritti e *orali*	scheda culturale
• capire un servizio televisivo • riferire una notizia • leggere e scrivere un articolo di cronaca • spiegare un malinteso • esprimere desideri • dare consigli/3 • preparare un notiziario	• i connettivi *ancora, adesso, presto, già, in realtà, ma, insomma, quindi* • *stare per* • aggettivi e pronomi indefiniti: *alcuno, qualcuno, nessuno* • il condizionale presente regolare e irregolare, usi e forme	• alcuni tipi di programmi televisivi • le istituzioni dello Stato italiano • il sistema solare • *chissà* • *cascarci* • alcune cariche istituzionali e religiose	• articolo di cronaca su un equivoco a Caltanissetta • *servizio su "L'ultimo terrestre"* di Gipi	• La Tv di ieri e di oggi (storia della televisione pubblica e privata in Italia)

1 INTRODUZIONE Altre vite

Obiettivo: stimolare curiosità per il tema dell'unità; scoprire parte del lessico dell'unità.

Procedimento:

1.a far seguire la consegna, procedere poi con un confronto a coppie.

1.b Far seguire la consegna, formare poi delle coppie o dei gruppi di tre. Gli studenti si confrontano con i compagni motivando le proprie scelte. Trattandosi di un'attività di motivazione si consiglia di non superare i 5 minuti di confronto orale.

Soluzione: 1.a astronauta

2 ASCOLTARE Ospiti inattesi

cd 33/cd 34

Obiettivo: sviluppare la comprensione orale mediante l'ascolto di un servizio giornalistico televisivo.

Procedimento:

2.a far ascoltare la **traccia 33** annunciando che si tratta di un programma televisivo, invitare poi gli studenti a rispondere individualmente alla prima domanda, procedere con un confronto a coppie, infine chiedere alle coppie di confrontarsi sulla seconda domanda.

2.b Far ascoltare la **traccia 34** e procedere con la consegna, avviare poi con un confronto a coppie (la prima immagine è la locandina di un film, la seconda il logo del telegiornale di RAI 3).

2.c e **2.d** Far seguire le consegne, procedere poi con un confronto a coppie, infine in plenum.

Trascrizione cd 34

"Passiamo adesso all'arrivo degli alieni. Il Governo, dopo una riunione straordinaria del Consiglio dei Ministri, ha diramato una nota ufficiale per rassicurare la popolazione. Ancora non è stata comunicata la data precisa, ma sappiamo che gli alieni stanno per arrivare in Italia. Secondo il Governo i marziani non rappresenterebbero alcun pericolo per la popolazione locale".

Detto così impressiona: l'arrivo degli extraterrestri è imminente, lo dice la TV, lo dice il TG3. Il video che stiamo vedendo, con la conduttrice Maria Cuffaro che sciorina i dettagli della visita degli alieni, ha totalizzato ieri, primo giorno su YouTube, 45.000 contatti ed è stato condiviso da oltre 68.000 utenti su Facebook. Chissà se qualcuno ci è cascato. In realtà il video è una curiosa trovata per lanciare "L'ultimo terrestre", film d'animazione Gipi che sarà in concorso al prossimo festival di Venezia. Una campagna virale, quindi.

"Il Vaticano afferma che molto presto verranno resi pubblici i passi secretati della Bibbia che annunciavano la venuta della civiltà extraterrestre".

E fa parte della campagna anche questo sito, *esseri di luce*, curato da pseudoesperti ufologi, in realtà personaggi del film. Fra le possibilità, quella di vedere un video di un marziano che si aggira per i boschi della Toscana. Il film "L'ultimo terrestre" racconta l'ultima settimana prima dell'arrivo degli alieni, che in realtà non hanno intenzioni minacciose. Protagonista Luca, un uomo solitario e incapace di provare sentimenti. L'arrivo degli extraterrestri gli cambierà la vita.

"Un nostro amico che lavora al ministero dice che il Governo è già d'accordo con loro: che sbarcheranno presto, che andrà tutto bene. Insomma, che sono pacifici".

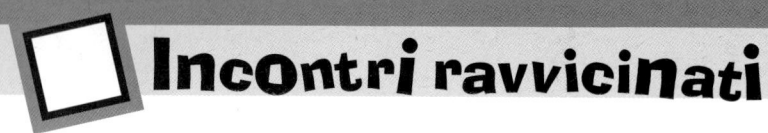

Soluzione: 2.a 1./b. **2** risposta possibile: parla dell'arrivo degli alieni sulla terra. **2.b** 3. **2.c** b. **2.d** 1./a.; 2./b.; 3./b.; 4./a.; 5./a.; 6./b.

Parole, parole, parole

Le istituzioni dello Stato italiano
Mostrare il box dopo l'attività **2.a** (nella **traccia 33** figura sia *Governo* che *Consiglio dei Ministri*). Per le cariche e le istituzioni presenti nel box sono accettate (e frequenti) diverse forme ortografiche, con o senza maiuscole (a eccezione di *Stato* e *Repubblica*, in riferimento a forme di governo/istituzioni di un Paese specifico, quindi non in senso generico).

Parole, parole, parole

Il sistema solare
Chiedere agli studenti da quale pianeta ha origine la parola *marziani*, poi mostrare il box, aggiungendo eventualmente la luna. Per sfruttare le possibili preconoscenze degli studenti sul tema, si possono formare delle coppie e chiedere agli studenti di confrontarsi sulle caratteristiche dei pianeti (per es. qual è il pianeta più vicino alla terra, quale è gassoso, ecc.).

Gipi (1963)

Fumettista e autore di graphic novel, vincitore di numerosi premi e riconoscimenti, sia in Italia che all'estero. I suoi fumetti vengono perlopiù realizzati ad olio e acquerello e narrano storie a metà strada tra l'avventura e il realismo ispirato sia a fatti di cronaca che al vissuto personale. Gipi collabora come illustratore anche con il quotidiano "La Repubblica" e la rivista "Internazionale". Con il film "L'ultimo terrestre", presentato alla Mostra del Cinema di Venezia nel 2011, esordisce anche come regista.

3 ANALISI GRAMMATICALE **Connettivi**
cd 35

Obiettivo: scoprire forma e uso di alcuni connettivi di ampio utilizzo nella lingua italiana.
Procedimento:

3.a far compilare il testo individualmente (si tratta di un frammento del brano audio del punto **2**), procedere

poi con un confronto a coppie; far ascoltare la **traccia 35** e quindi passare a un secondo confronto a coppie. Concludere con una verifica in plenum.

3.b Far seguire la consegna, procedere poi con un confronto a coppie, infine in plenum.

Soluzione: 3.a 1. adesso; 2. ancora; 3. ma; 4. In realtà; 5. quindi; 6. già; 7. presto; 8. Insomma. **3.b a.** già; **b.** *ancora*; **c.** presto; **d.** adesso; **e.** insomma/quindi; **f.** in realtà; **g.** quindi; **h.** ma

Parole, parole, parole

Stare per
Mostrare il box dopo l'analisi al punto **3** e far fare qualche esempio agli studenti. L'espressione *stare per* è sinonimo di *essere sul punto di*.

 4 PARLARE *Occhio a chi mente!*

Obiettivo: sviluppare la produzione orale raccontando notizie reali; sviluppare la creatività inventando una notizia insolita; strutturare un racconto orale in collaborazione; dare coesione e coerenza a un racconto.
Procedimento:

4.a formare delle coppie, distanziandole in modo che possano parlare senza disturbarsi a vicenda. Invitare gli studenti a ricordare una notizia insolita, sentita o letta. In questa fase, se si dispone di computer connessi, è possibile consultare la rete per ottenere informazioni dettagliate sulla notizia scelta. Una volta ottenuti elementi sufficienti sulla notizia vera, gli studenti ne inventano una falsa, anch'essa insolita ma credibile. Spiegare infine che ogni studente della coppia dovrà esercitarsi a raccontare una delle due notizie, mentre l'altro verificherà che il racconto sia coerente e coeso. Dare circa 25 minuti di tempo.

4.b Far seguire la consegna.

 **5** ANALISI LESSICALE *Chissà e cascarci*
cd 36

Obiettivo: scoprire significato e funzione delle espressioni *chissà* e *cascarci* e della congiunzione se.

Procedimento:

5.a e **5.b** far seguire le consegne tenendo presente quanto indicato nell'introduzione circa le attività di analisi lessicale. Concludere con un confronto a coppie, infine in plenum.

Soluzione: 5.a b. **5.b** 1./a.; 2./a.; 3./a.

6 ANALISI GRAMMATICALE **Gli indefiniti**

Obiettivo: scoprire forma e funzione degli indefiniti *alcuno* e *qualcuno*.

Procedimento: far seguire la consegna tenendo presente quanto indicato nell'introduzione circa le attività di analisi grammaticale. Concludere con un confronto a coppie, infine in plenum. Nelle frasi negative e nella lingua parlata, *alcuno* è spesso sostituito da *nessuno* (vedi anche box grammaticale in fondo alla pagina 133).

Soluzione: 1. alcuno; **2.** qualcuno; esempi: **a.** alcun; **b.** qualcuno; **c.** alcuna; **d.** Qualcuno

Come funziona?

Nessuno
Mostrare il box dopo il punto **6**. Chiedere agli studenti di produrre qualche esempio. Integrare eventualmente con *qualcosa* e *niente/nulla*.

7 GIOCO **Tris/Curiosità dal mondo e dalla storia**

Obiettivo: reimpiegare gli indefiniti *alcuno, qualcuno, nessuno*; esercitare la comprensione scritta stabilendo se una notizia è vera o è falsa.

Procedimento: formare dei gruppi di tre studenti e fare in modo che tutti possano vedersi. Lo studente che sceglie una casella ne legge il contenuto e dà la propria risposta a voce alta. Se le altre squadre ritengono che l'abbia completata con l'indefinito corretto, il suo gruppo conquista la casella, che non può più essere occupata dagli avversari. Il suo gruppo decide poi in autonomia se la notizia è vera o falsa (le altre squadre non giudicano in merito). Attenzione: in alcuni casi sono possibili soluzioni diverse (*alcuno* può essere sostituito da *nessuno*). Il tris può essere realizzato in

orizzontale, verticale o diagonale. L'insegnante interviene nella prima fase (sugli indefiniti) solo in caso di disaccordo, nella seconda fase valutando le risposte *vero/falso*. Dare circa 30 minuti di tempo e concludere eventualmente risolvendo dubbi residui.

Soluzione: 1. qualcuno/vero; **2.** Nessuno/vero; **3.** alcun (nessun)/falso; **4.** alcun (nessun)/falso; **5.** qualcuno/falso; **6.** Nessun (*alcun* non è possibile poiché il gruppo indefinito + sostantivo precede il verbo)/vero; **7.** alcun (nessun)/vero; **8.** alcun (nessun)/falso; **9.** nessuno/vero

Ti ricordi?

Passato prossimo e imperfetto
Obiettivo: fissare forme e uso del passato prossimo e dell'imperfetto.
Procedimento: far seguire la consegna, procedere poi con un confronto a coppie, infine in plenum.
Soluzione: ha attirato; *portava*; *ha tolto*; hanno scambiato; caricava; hanno riconosciuto; hanno chiamato; sono arrivati; hanno visto; era; era; hanno spiegato

8 LEGGERE **Che confusione!**

Obiettivo: sviluppare la comprensione scritta mediante un articolo di cronaca.

Procedimento:

8.a far seguire la consegna e procedere con un confronto a coppie. Precisare eventualmente che come sinonimo di *Presidente del consiglio* oggi si usa frequentemente il termine inglese *premier* (benché la carica anglosassone non corrisponda esattamente a quella italiana).

8.b Formare delle coppie e invitarle a formulare ipotesi sul contenuto dell'articolo che leggeranno in seguito. Se necessario, chiarire il significato del lessico utile alla comprensione dei vari titoli. Procedere direttamente con il punto successivo.

8.c Far leggere il testo individualmente, invitare gli studenti a rispondere alle domande per iscritto, procedere poi con un confronto a coppie, infine in plenum.

8.c Far seguire la consegna, procedere poi con un confronto a coppie, infine in plenum.

Incontri ravvicinati

8.d Formare delle coppie o dei gruppi di tre e far seguire la consegna. La domanda mira a stimolare una riflessione e un dibattito sulle cause che hanno scatenato la vicenda narrata nell'articolo. La risposta è quindi soggettiva. **Soluzione: 8.a** 1./b.; 2./e.; 3./f.; 4./d.; 5./c. 6./a. **8.b** la risposta è contenuta nel testo al punto **8.c soluzione possibile: a.** A Caltanisetta, in Sicilia.; **b.** Un imprenditore e ingegnere arabo.; **c.** In giubbotto, senza limousine e senza scorta; il suo obiettivo era fare accordi commerciali.; **d.** Il sultano di Abu Dhabi.; **e.** Dal nome dell'imprenditore.; **f.** Ha chiesto ai vigili di indossare l'alta uniforme e ha fatto tirare a lucido il comune e il teatro.; **g.** È contento perché può offrire lavoro ai giovani della città. **8.d** 1./c.; 2./g.; 3./e.; 4./d.; 5./a.; 6./b.; 7./f.; 8./h.

9 SCRIVERE Cronache

Obiettivo: sviluppare la produzione scritta attraverso la stesura di un articolo di cronaca.

Procedimento: scrivere alla lavagna le cinque domande *chi? Cosa? Dove? Quando? Perché?*, spiegando agli studenti che corrispondono alle informazioni di base contenute in ogni articolo di cronaca. Invitare quindi gli studenti a trascriverle su un foglio e ad abbinarle a una risposta sintetica ma originale. Raccogliere i fogli così riempiti, distribuirli tra gli studenti e spiegare che ognuno dovrà redigere un articolo di cronaca in base alle informazioni del proprio foglio. Tenere presente quanto indicato nell'introduzione circa le attività di produzione scritta. Dare in tutto 30 minuti di tempo.

10 ANALISI GRAMMATICALE Il condizionale presente

Obiettivo: scoprire le forme e alcune funzioni del condizionale presente.

Procedimento:

(10.a) (10.b) (10.c) (10.d) e (10.e) far seguire le consegne tenendo presen-

te quanto indicato nell'introduzione circa le attività di analisi grammaticale. Al termine dell'attività **10.c** far notare che nella prima coniugazione la *a* diventa *e*.
Soluzione: 10.a *vorrebbe*; potrebbero. **10.b a./Sì vorrebbe** fare accordi; **b./Sì potrebbero** cooperare; **c./No**
10.c

	parlare	leggere	scrivere
io	*parlerei*	*leggerei*	*scriverei*
tu	parleresti	leggeresti	scriveresti
lui/lei	parlerebbe	leggerebbe	scriverebbe
noi	parleremmo	leggeremmo	scriveremmo
voi	*parlereste*	*leggereste*	*scrivereste*
loro	parlerebbero	leggerebbero	scriverebbero

10.d

	volere	potere
io	vorrei	potrei
tu	*vorresti*	*potresti*
lui/lei	*vorrebbe*	*potrebbe*
noi	vorremmo	potremmo
voi	*vorreste*	*potreste*
loro	vorrebbero	potrebbero

10.e 1./c., d.; 2./a., b.

Come funziona?

Altri verbi con condizionale irregolare
Mostrare il box al termine dell'attività **10.d**. Integrare eventualmente con le informazioni presentate a pagina 229 (sezione *Grammatica* del libro di classe).

11 PARLARE *Volere è potere*

Obiettivo: sviluppare la produzione orale mediante un confronto sui propri sogni nel cassetto; dare consigli; fissare le forme del condizionale presente.

Procedimento: formare delle coppie e far seguire la consegna, annunciando agli studenti che dovranno dare consigli usando il condizionale presente.

12 PARLARE **Telegiornale di scuola**

Obiettivo: pianificare e realizzare una presentazione in gruppo; sviluppare la produzione orale attraverso una presentazione giornalistica (esposizione su traccia) e/o la gestione di interviste; potenziare l'attenzione sugli aspetti paralinguistici e la comunicazione non verbale; consultare materiali multimediali; gestire pause e interventi durante una presentazione di gruppo.

Procedimento: formare dei gruppi di quattro e far seguire le istruzioni tenendo presente anche quanto indicato nell'introduzione circa la gestione del progetto finale. Il telegiornale dovrà durare circa 10-12 minuti.

12.a Dare almeno 15-20 minuti di tempo per la visione dei telegiornali e l'annotazione delle varie formule di apertura e chiusura.

12.b Per facilitare la raccolta di notizie, è possibile dare alcuni suggerimenti riguardo ai temi da presentare al TG: i fatti importanti della settimana (cronache scolastiche, eventi, attività svolte, gite, assemblee, ecc.), un sondaggio tra gli studenti e gli insegnanti su alcuni aspetti della vita scolastica e riforme da proporre (riguardo all'utilizzo degli spazi della scuola, ai voti, all'orario, alle materie da aggiungere o abolire, ecc.) e così via. Le coppie possono prendere appunti sulle informazioni raccolte, ma anche decidere di riprendere alcune interviste in modo da poter inserire dei video nel telegiornale. Si consiglia di dare almeno un'ora e mezza di tempo.

12.c Spiegare ai gruppi che dovranno stabilire la successione delle notizie (la scaletta) e costruire una traccia per ognuna di esse in modo da poterla consultare duran-

te la "messa in onda" del TG. Suggeriamo di dare almeno un'ora e mezza di tempo.

12.d Suggerire di fare estrema attenzione ai tempi da dedicare alle singole notizie, ai collegamenti e all'alternanza studio/corrispondenze esterne (gli studenti dovranno pianificare con cura anche i momenti in cui inserire eventuali interviste). Dare circa un'ora di tempo.

12.e Dare circa un'ora di tempo per le prove e la registrazione. **VARIANTE:** nel caso in cui non si disponesse di videocamere o altri dispositivi, gli studenti potranno mettere in scena i TG "dal vivo", costruendo schermi televisivi e altri elementi scenografici con del cartone o altri materiali (vedi anche l'illustrazione di pagina 139 del libro di classe).

Scheda culturale 10
La tv di ieri e di oggi

Obiettivo: acquisire informazioni sull'evoluzione e le caratteristiche della televisione italiana; confrontare la televisione italiana con quella del proprio paese d'origine; conoscere spot televisivi entrati a far parte della storia della TV italiana.

Procedimento:

1 e **2** Far seguire le consegne, procedere poi con confronto a coppie, infine in plenum. Specificare eventualmente che la RAI comprende diversi canali televisivi (vedi www.rai.it, sezione canali TV), così come Mediaset (cfr. www.mediaset.it).

3 Formare delle coppie o gruppi di tre studenti. Assegnare un computer connesso alla rete a ciascun gruppo e far seguire la consegna. Invitare infine gli studenti a confrontarsi con i compagni giustificando le proprie preferenze.

4 Formare nuove coppie disponendo gli studenti frontalmente e avviare il confronto orale. Dare 20 minuti di tempo.

Soluzioni: 1. a., b. 2. a. falso; **b.** falso; **c.** vero; **d.** falso; **e.** falso

Una seconda possibilità ▮

Riassunto: finalmente Mosè rivela il mistero della libreria: il giornalista e il cantante scomparsi non avevano bisogno di nascondersi, avendo già scontato la propria pena. Entrambi però erano profondamente infelici, perché non potevano perdonarsi gli errori commessi in passato. Per questo si erano rivolti a Mosè. Il libraio mostra a Sara un libro magico grazie al quale è possibile tornare indietro nel tempo e riparare a uno sbaglio compiuto. Mosè le spiega che anche Claudio aveva commesso un errore mettendosi su una cattiva strada insieme a gente poco raccomandabile. Pentitosi e avendo scoperto il segreto del libro, si era rivolto al libraio in cerca di aiuto... Ma aveva poi capito che la propria vita poteva cambiare anche senza il libro, grazie all'affetto per Sara.

Attività proposta: formare delle coppie e distribuire a ciascuna di esse una fotocopia dell'episodio in cui siano state cancellate le battute di Mosè. Invitare gli studenti a immaginare, servendosi delle immagini e delle battute di Sara, qual è la spiegazione del mistero fornita dal libraio. Far quindi redigere le parti di dialogo mancanti. Se alcuni studenti hanno già letto il finale, invitarli a inventarne uno diverso, mantenendo comunque la coerenza rispetto alle battute di Sara e alle immagini. Mostrare infine la versione integrale del fumetto alla classe.

Soluzioni-Esercizi, Fonetica, Test

Esercizi Unità 1

1

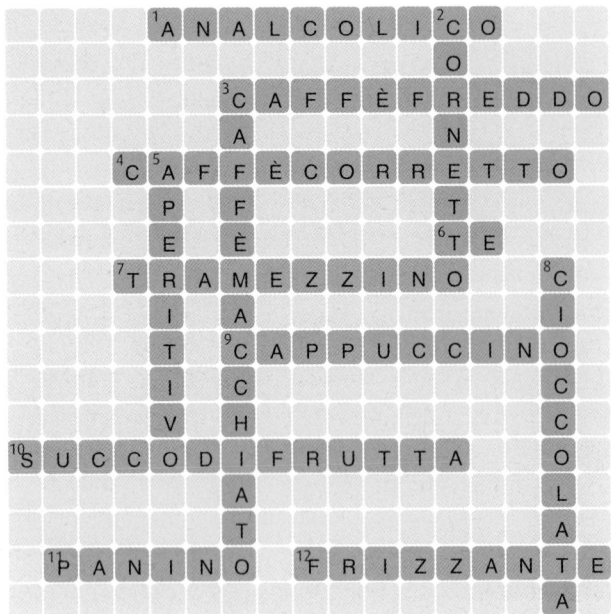

2 **a.** *Vorrei una cioccolata! La vuole con panna o senza?;* **b.** Volete delle patatine fritte? Le compro in quella rosticceria./Le ordiniamo nella rosticceria "da Pino".; **c.** Dovete avete preso l'aperitivo? Lo abbiamo preso al "Bar della stazione".; **d.** Adoro la frutta! La compro sempre al chiosco vicino casa mia.; **e.** Quando vogliamo un buon pollo arrosto lo ordiniamo nella rosticceria "da Pino".; **f.** Andiamo a mangiare un piatto di spaghetti all'arrabbiata, li fanno ottimi in quella trattoria.; **g.** Chi compra i gelati? Li compra Giulio, alla gelateria "Ai portici".

3 li, *Vi*, la, Ti, vi, ci, lo, vi, mi

4 **a.** *Ci, X;* **b.** ci, X, ci; **c.** X, ci, ci; **d.** X, ci; **e.** X, ci

5 *Sandro ha deciso e oggi sta per fare una cosa speciale. Va a prendere Irene con il suo motorino e **la** porta in un centro commerciale nuovissimo,* non **ci** va mai, ma gli amici dicono che è bellissimo. Sandro e Irene sono fidanzati. Tutti, nel quartiere, **li** conoscono e **li** considerano una bellissima coppia. Irene è contenta e **lo** tiene per mano mentre camminano. Sandro **la** invita a mangiare in un fast food, lei si siede e lui va a ordinare. Mentre sono seduti al tavolino parlano di tante cose, poi Irene beve il suo succo, ma mentre **lo** beve sente qualcosa di strano, guarda dentro il bicchiere e **ci** trova un anello. Sandro scoppia a ridere, prende l'anello e **lo** mette al dito di Irene. Irene è un po' imbarazzata, non sa che cosa fare, allora prende una cipolla fritta e **la** mette al dito di Sandro.

6 *è salito,* è sparito, si è allontanato, ha avuto, è finita, hanno rintracciato, ha chiamato, ha chiesto, ha insospettito, ha detto, hanno fatto, hanno potuto, sono andati

7 **a./3.; b./5.; c./6.; d./2.; e./4.; f./1.**

8 **1./a**, davvero; **2./d**, certo; **3./e**, *allora*; **4./b**, infatti; **5./d**, ascolta; **6./c**, comunque

9 **A**/comunque; **B**/Davvero?; **C**/Infatti; **D**/Allora; **E**/Certo; **F**/ascolta; **G**/Allora; **H**/Davvero

Esercizi Unità 2

1 *1./l.; 2./f.; 3./a.;* 4./e.; 5./h.; 6./d.; 7./c.; 8./g.; 9./i.; 10./b.

2 vigile, hip hop culture, liceo, plastica, liceo, strada, giardini, maestro, cappello, testa, generazione, marciapiedi, piazza

3 *ero, Ero, Avevo,* Avevo, Avevo, eravamo, ero, era, aveva, era, eravamo, avevano, erano, aveva, aveva, aveva

4 *rappresentavano,* esistevano, aprivano, c'era, era, avevano, preparavano, sapevano, facevano, andavano, passava, aveva, nasceva, svegliava

5 *Flavia **era** una persona speciale:* **era** molto creativa, le **piaceva** disegnare, creare, costruire. Quando **aveva** un po' di tempo **scriveva** delle storie e poi le **leggeva** a tutta la sua famiglia. I suoi professori le **facevano** sempre i complimenti perché **diceva** sempre delle cose molto originali. Licia **aveva** moltissimi amici: con loro **andava** al cinema o ai concerti, ma spesso **uscivano** tutti insieme solo per andare a casa di un amico e parlare di quello che **facevano** durante il giorno e dei loro progetti futuri. Io e Flavia **eravamo** molto amiche. Ogni pomeriggio ci **telefonavamo** e **stavamo** ore a chiacchierare. Suo padre **si arrabbiava** sempre moltissimo, perché ogni volta che **voleva** telefonare la linea **era** occupata!

6 **1.** *Ogni martedì alle 20:30, c'è un programma speciale che **non ti puoi perdere**: è Play.me!;* **2.** Se vuoi avere informazioni sui tuoi cantanti preferiti **ti devi collegare** per seguire le playlist d'autore.; **3.** Durante il programma puoi sentire le interviste ad artisti nazionali e internazionali **e li puoi ascoltare** mentre parlano dei loro gusti musicali e dei loro artisti preferiti.; **4.** Nelle prossime puntate potrai incontrare artisti italiani come Emma Marrone, i Subsonica, Virginio e molti altri: **ti vuoi collegare** con loro?; **5.** Hai delle domande e **le vuoi fare** a un cantante in particolare? Scrivi un sms o telefona!; **6.** I nostri ospiti **ti possono rispondere** dal vivo! Ricorda: ogni martedì alle 20:30, solo su Play.me!

7 Ti piacciono i concerti, ma i biglietti sono molto cari e non *lo*/**li** puoi comprare? Puoi vedere un buon concerto e non *la*/**lo** devi neanche pagare! Ci sono tanti modi per vincere i biglietti e *le*/**li** puoi trovare su **Soldissimi** e **Vincimondo**; questi due portali segnalano tutti i concorsi che *mi*/**ti** permettono di entrare gratis. Anche le radio fanno spesso questi concorsi; quelle che *lo*/**li** organizzano più spesso sono **Virgin Radio** e **Radio Rock**; è sufficiente andare sui loro siti tutti i giorni e cercare i concorsi per vincere i biglietti dei tuoi cantanti preferiti: puoi vederli e risparmiare un bel po' di soldi!

8 **1./c** si balla, si balla; **2./b** si tengono; **3./a** Si fa, si va, si piega, si può; **4./e** si vede, si fanno, si appoggia; **5./d** Si tiene, Si mettono

9 si ascolta, si vendono, si trovano, si sente, si ascolta, si balla, si fa, si producono

10 soprattutto, o, meglio, come, troppo, invece, di più, Perché

Fonetica 1

1.a ◉ **Katia:** Quando ascolti la musica?
◉ **Alice:** Be', quasi sempre, quando vado in macchina, quando sto per addorme*n*tarmi...
◉ **Giulia:** Ehm... Anch'io quando magari... devo andare da qualche parte, con l'iPod, l'mp3...
◉ **Simone:** Quando sto da solo, in macchina...
◉ **Katia:** Mentre studi?
◉ **Simone:** No, mentre studio, no.
◉ **Silvia:** Principalmente quando sono sola.

1.b **In italiano la *n* non si usa prima della consonante *p*.**

1.c **1.** scienze; **2.** banco; **3.** ombrello; **4.** temperamatite; **5.** insegnante; **6.** compagno; **7.** lingue; **8.** compito

2.a **1.** *[kw] quadro*; **2.** *[gw] pinguino*; **3.** [kw] quindici; **4.** [gw] guanto; **5.** [kw] qui; **6.** [kw] questionario; **7.** [gw] guardare; **8.** [gw] guasto; **9.** [kw] acqua; **10.** [kw] quello; **11.** [gw] seguire; **12.** [kw] inquieto

2.b **Versione corretta: Que**st'estate sono andata a Venezia. **Qu**ando sono arrivata erano le **qu**attro del pomeriggio: ho chiamato il mio amico Pas**qu**ale, che fa la **gu**ida turistica lì e lui è arrivato dopo **qu**alche minuto.
Durante la nostra passeggiata è successo un **gu**aio: mentre camminavamo tran**qu**illi, a un turista è caduto uno scontrino nel canale, un veneziano l'ha visto e ha cominciato ad accusarlo di in**qu**inare la città! Tutti hanno iniziato a **gu**ardarci e a urlare: è stato **qu**asi impossibile calmare la gente. Un altro turista è pure inciampato: **qu**ando si è alzato perdeva san**gu**e dal naso. Il mio amico ha chiamato un'idroambulanza, ma per fortuna non era niente di grave. Che giornata!

Test Unità 1 e 2

1 *Davvero*, Infatti, quindi, allora, Infatti

2 **1.** facevano, ero, portavano, passavo, ha deciso, è rimasta; **2.** è stata, Ho avuto, Ho vissuto, era; **3.** Ho passato, avevo, mi sono trasferita, avevo, sono andata, si sono allontanati, ho sentito; **4.** hai capito, volevi, Facevo

3 mi, li, l', si, li, le, l', si, la, ci, (metter)la, lo

4 **1.** *Come **si festeggia** il Natale in Italia?*; **2.** A Natale di solito **si fanno** visite a parenti e amici che **non si vedono** da molto tempo.; **3.** Mentre **si aspetta** la mezzanotte del 24 dicembre (la vigilia), si consuma il tradizionale *cenone* (si prepara una cena con tantissimi piatti diversi), poi **si va** alla messa di mezzanotte.; **4.** A pranzo, **si mangiano** diverse specialità: il panettone, il pandoro e il torrone, anche se ogni regione ha il suo dolce tipico.; **5.** Il gioco tipico che **si fa** in questo periodo è la tombola, che **si gioca** soprattutto con i bambini.; **6.** Nelle case, nelle chiese e per le strade **si preparano** i presepi; molto spesso vicino al presepe **si mette** anche un coloratissimo albero di Natale.

5 **a.** qual è migliore?; **b.** pistacchio secondo me è più; **c.** Allora lo prendo.; **d.** vuole anche la panna?; **e.** Senza panna, grazie.

Bilancio Unità 1 e 2

Come... interagisci in modo gentile? Le risposte sono soggettive; risposte suggerite (non obbligatorie): **1./b.**; **2./c.**; **3./a.**; **4./b.**; **5./c.**; **6./b.**

Esercizi Unità 3

1 **1.** *vediamo di*; **2.** Intendi; **3.** Mancano; **4.** pure; **5.** un sacco di; **6.** Quattro gatti; **7.** Pure; **8.** Vediamo di

2 **1./d.** Li *ho presi* io.; **2./a.** Sì, *le ho* portate.; **3./c.** No, *non li ho visti*.; **4./b.** Sì, le ho ordinate.; **5./f.** L'ha ordinata *mio fratello*.; **6./e.** Sì, l'ho portato.

3 **1./c.**, **2./a.**, **3./c.**, **4./a.**

4 Ho rivisto Alessandra, la ragazza **che** mi ha accompagnato a casa dopo la festa di Luca.

5 mi è capitato, era, ero, sono sbilanciato, sono fatto, ho visto, mi sono fatto, è caduta, sono corso, l'ho festeggiata

6 *le* ho pescate, **li** ho comprati, **le** ho realizzate, **l'**ho acquistato, **l'**ho letta, **li** ho messi, **l'**ho cercato, **l'**ho trovato, **le** ho comprate

7 **a.** *vivi in un mondo tutto tuo*; **b.** che ama le cose concrete; **c.** senti il bisogno di un; **d.** che è il tuo; **e.** persone che frequenti piace

8 **a.** *sono venute*; **b.** venivano; **c.** mangiavi; **d.** abbiamo cantato

9 *conoscevamo*, Erano, *Mi sono fatta*, mi sono vestita, mi sono messa, ho preso, sono arrivata, si è alzato, erano, Abbiamo assaggiato, ci siamo seduti, Andavo, Abbiamo chiacchierato, siamo andati, siamo tornati, ci siamo buttati, hanno gridato

Esercizi Unità 4

1 grazie a, l'ultima parola, in nostro soccorso, Da qui, sempre più, *molti progressi*, in grado, alla nostra portata

2 *sarà*, diventeranno, saranno, troverà, permetteranno, farò, Scompariranno, accenderà, scomparirà, accenderà, dovremo, sarà, vivrà

3 **1.** *Andremo al cinema alle dieci.*; **2.** *Maria* ti scriverà due volte al mese.; **3.** Se tu *ti abbonerai* entro il venti giugno, pagherai solo duecentodieci euro all'anno.; **4.** Andrà in palestra due volte alla settimana.; **5.** Mi troverete in via Garibaldi alle otto e venti di sera.

4 **Ariete:** *Dovrete, aiuterà*; **Toro:** potrete, capirete; **Gemelli:** sarete, crederanno, direte; **Cancro:** Vivrete, aiuterà, cercherà; **Leone:** Partirete, farete, pagherà

5 **a.** del; **b.** di; **c.** che; **d.** che; **e.** che; **f.** del

6 **a.** *L'iMac è più vecchio dell'iPad.*; **b.** Lo schermo dell'iPad 2 (terza generazione) è grande come lo schermo dell'iPad 2.; **c.** La memoria dell'iMac è più grande della memoria dell'iPad 2; **d.** La durata della batteria del MacBook è meno lunga della durata della batteria dell'iPad.; **e.** Il MacBook è meno economico dell'iMac.

7 *peggiori*, che, buono, delle, meno, dei, male, meglio

8 **a.** *offerta*, fino, verso, fissi, al, telefonini, canone, il; **b.** bolletta, bollette, telefonino, telefonate, bolletta, chiamate

9

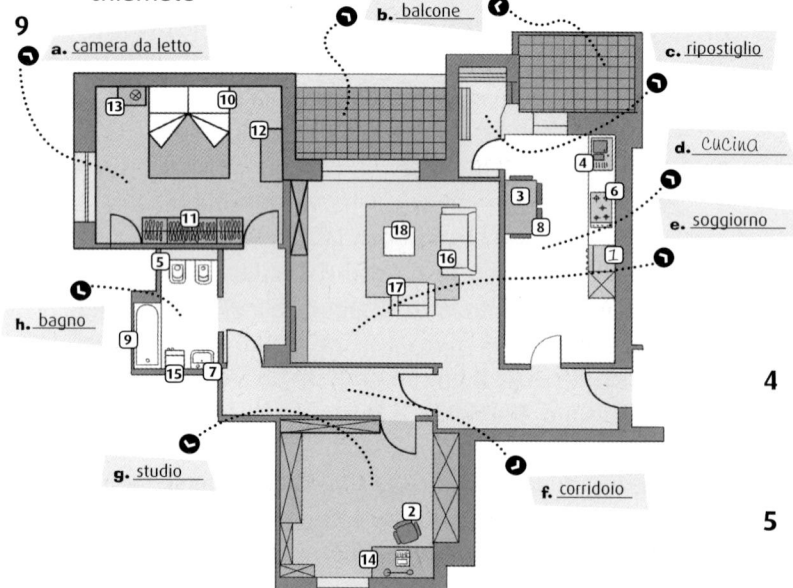

a. camera da letto
b. balcone
c. ripostiglio
d. cucina
e. soggiorno
f. corridoio
g. studio
h. bagno

Fonetica 2

1 **1.** *ai* (mai); **2.** au (automatico); **3.** ia (bianco); **4.** ae (paese); **5.** ie (ieri); **6.** ei (sei); **7.** ua (uguali); **8.** ea (realista)

2 **a.**
● **Brando:** I bicchieri li ho comprati io e anche le patatine.
● **Gioele:** E... Sentite: i piatti, le posate, cose varie?
● **Guido:** I piatti e le posate li ha presi Giulio.
b.
● **Guido:** L'altra volta eravamo quattro gatti, c'era un sacco di gente antipatica, non c'era neanche una ragazza e c'erano pure i nostri genitori.

3 **la i si pronuncia: 2., 5., 9.**

4 **la i si pronuncia solo quando ha l'accento**

5 *i* muta: l'intruso è **magia**; *i* parlante: i due intrusi sono **giostra** e **giusto**

Test Unità 3 e 4

1 **primo testo:** ero, festeggiavo, era, ha regalato, era, abbiamo festeggiato; **secondo testo:** festeggiavo, preparava, ha regalato; **terzo testo:** ho passato, sono andato sono stato, ha preparato, ha invitato

2 **1.** Le candeline, le hai comprate?/**c.**; **2.** La torta, l'hai ordinata?/**e.**; **3.** I piatti e le posate di carta, li hai comprati?/**d.**; **4.** Le bibite, le hai comprate?/**a.**; **5.** Il film, l'hai portato?/(-); **6.** I palloncini, li hai comprati?/**b.** L'immagine **f.** resta senza abbinamento.

3 ● **Gioele:** Mmm... Abbiamo tutto? Ci **manca** qualcosa?
● **Guido:** Eh... Possibilmente **vediamo di** non finire come alla festa dell'altra volta.
● **Gioele:** Perché?
● **Guido:** L'altra volta eravamo **quattro gatti**, c'era **un sacco di** gente antipatica, non c'era neanche una ragazza e c'erano **pure** i nostri genitori.
● **Gioele:** Mmm. Quindi... Per le ragazze chi **ci** pensa?
● **Guido:** Se non **mi sbaglio**, te conosci qualche ragazza molto carina nel settore di moda.
● **Gioele:** Sì. Eh... **Intendi** l'Agnese, la Chiara, l'Emma e la Matilde?

4 avrà, Sarà, cattureranno, **bagno**, diventeranno, si fonderanno, **ingresso**, spariranno, **soggiorno**, diventerà, troveremo, **studio**, diventerà, ci sarà, funzionerà, **vasca**, saranno, ci saranno

5 **1.** La casa del futuro sarà più colorata della casa di oggi.; **2.** L'arredamento di oggi è meno semplice dell'arredamento del futuro.; **3.** La casa del futuro sarà più colorata che arredata.; **4.** Il bagno e la cucina di oggi saranno più grandi del bagno e della cucina del futuro.; **5.** Il soggiorno del futuro sarà più tecnologico del soggiorno di oggi.

Bilancio Unità 3 e 4

Come... organizzi una festa? 1./b.; **2.**/c.; **3.**/b.; **4.**/c.; **5.**/a.; **6.**/c.

Esercizi Unità 5

1 facevano i complimenti, tingeva, diavolerie, è spuntata, ruga, vegliardo, diversivo, sovrappensiero, incalzante

2 **a.** *gialli, gli;* **b.** romanzi, gli; **c.** saggi, gli; **d.** cronaca, le; **e.** racconti, gli; **f.** fantasy, mi; **g.** fumetti, gli; **h.** vi

3 *Dopo le avventure di "Coliandro", Carlo Lucarelli torna nel mondo del fumetto con una nuova graphic novel. Il protagonista è Matteo Leonardi, un carabiniere (brigadiere per essere precisi) di Ravenna. Un uomo giovane e bello, ma un vero combattivo. In una città piena di misteri, gli capita di incontrare persone dalle storie drammatiche e incredibili. Quelle persone lo scelgono per le loro confessioni, gli rivelano segreti che hanno nascosto per tutta la vita e lui, ma lui è solo uno strumento per avere l'immagine di una società complessa. Come dice lo stesso Lucarelli, i veri protagonisti sono le persone: Matteo le incontra per caso e si ferma ad ascoltarle per noi lettori. Alla fine resta solo immobile e silenzioso, con il peso delle avventure che ha vissuto e delle persone che l'hanno incontrato.*

4 1. *l'*ho; 2. veder**la**; 3. **la**; far**le**; 4. **si**; 5. **si**, **la**

5 **li** conosciamo/i protagonisti/pronome oggetto diretto; **li** introduce/i protagonisti/pronome oggetto diretto; **si** muovono/i protagonisti/pronome riflessivo; **loro** conoscono/i protagonisti/pronome soggetto; **si** muovono/creature/pronome riflessivo; possono controllar**le**/le creature/pronome oggetto diretto; (possono) eliminar**le**/le creature/pronome oggetto diretto; **lui** cerca/Valiano/pronome soggetto; **lo** vuole catturare/Valiano/pronome oggetto diretto; **gli** ha inviato/a Valiano/pronome oggetto indiretto; per uccider**lo**/Valiano/pronome oggetto diretto; **lo** incontriamo/Angelo/pronome oggetto diretto; **l'**ho aspettata/una figura femminile/pronome oggetto diretto; **la** troverete/la figura femminile/pronome oggetto diretto; **le** piace/a lei (figura femminile)/pronome oggetto indiretto; **li** spinge/i lettori/pronome oggetto diretto; far**gli**/ai lettori/pronome oggetto

indiretto; **le** eliminerei/alcune scene troppo lunghe/pronome oggetto diretto; **lo** consiglio/il libro/pronome oggetto diretto

6 **a.** *È necessario scrivere tutti i giorni.*; **b.** È importante leggere altri scrittori; **c.** Non basta conoscere la grammatica.; **d.** C'è bisogno di molta disciplina.; **e.** Bisogna essere umili.; **f.** Bisogna osservare le altre persone.; **g.** È importante avere molta immaginazione.

7 **Espressioni sbagliate: 1.** → *a.*; **3.** → **b.**; **7.** → **d.**; **8.** → **c.**

8 *bisognava*, bastava, dovevano, Non c'è bisogno, non era divertente.

9 **2., 3., 5., 6.**

Esercizi Unità 6

1 *1.*/d., *non parlargli, per lei;* **2.**/a., trova, per entrambi; **3.**/c., chiedigli, per lei; **4.**/h., mettiti, per entrambi; **5.**/f., accompagnala, per lui; **6.**/i., non cominciare, per entrambi; **7.**/e., comprale, per lui; **8.**/g., non andare, per entrambi; **9.**/b., pagagli, per lei; **10.**/l., digli, per lei

2 *dille*, essere, stalle, stressarla, dalle, prenditi, andarci, ascoltala, Falle, Dammi

3 *Come faccio a dimostrare **al mio ragazzo** che **lo** amo? Prima di tutto di**gli** che **lo** ami, ma servono anche i fatti! Non essere ossessiv**a**, **stagli** il più vicino possibile ma non stressar**lo** e da**gli** anche del tempo per stare sol**o** o con **gli amici** e anche tu prenditi del tempo per dedicarti ai tuoi hobby. Quando va a casa **dei suoi amici** non andarci anche tu: se vuole, ti chiederà **lui** di accompagnar**lo**. Quando ha bisogno di parlare e di sfogarsi, ascolta**lo**. **Fagli** molti complimenti, almeno tre o quattro al giorno. **Dammi** ascolto e vedrai che andrà tutto bene!*

4 **Imperativi sbagliati:** ~~vada~~ (A)/vai, ~~Prendela~~ (V)/Prendila, ~~fermiti~~ (O)/fermati, ~~Usci~~ (R)/Esci, ~~Percorrala~~ (T)/Percorrila, ~~Attraversila~~ (R)/Attraversala; FESTA DEI LAVORATORI

5 *Qualche settimana fa*, Ridendo e scherzando, un'altra volta, piatta, non l'ho più sentito, metterci d'accordo, sognare ad occhi aperti, a nostro agio, il colpo di fulmine, non ho mai avuto, mi rendo conto, alcuni giorni fa, si è preso una cotta

6 *dei*, dei, dei, dei, delle, delle, delle, delle, degli, dei, dell', dell', delle, dei, degli, dell', del, dello, degli

7 *delle*, alcune, qualche, qualche, dei, dell', alcune, dei, dell', qualche, dei

8 *Vi*, lui, me, Mi, lui, gli, ci, ci, li, li, voi, gli, mi, me, si, l', li

9 **a.** attaccare bottone/**2.**; **b.** prendere una sbandata/**5.**; **c.** tagliare la corda/**4.**; **d.** fare un buco nell'acqua/**3.**; **e.** parlare del più e del meno/**1.**; **f.** tagliare i ponti/**6.**

10 1. *ha preso una sbandata*; **2.** hanno tagliato la corda; **3.** ho tagliato i ponti; **4.** attacca bottone; **5.** avete parlato del più e del meno; **6.** hai preso una sbandata; **7.** ha tagliato la corda; **h.** abbiamo fatto un buco nell'acqua

Fonetica 3

1.a **Jim:** non, non, *lo so;* **Antonella:** no, vorresti

2.a *1./d.* Dammi; **2./c.** dille; **3./b.** Ricordati; **4./a.** Vacci, dimmi

2.b 1. *dillo;* **2.** digli; **3.** dargli; **4.** starmi; **5.** farle; **6.** andarci

Test Unità 5 e 6

1 *io,* mi, le, l', Vi; li, si, ti; gli, gli; si, li, ci; me, L', Ci, la; si, Ti, Ti, lo

2 1. ~~Qualche anni fa~~/Qualche anno fa; **2.** ~~alcuni volte~~/alcune volte; **3.** ~~dei esempi~~/degli esempi

3 *Unisciti,* Iscriviti, vai/va', selezionali, fatti, Carica, non metterle, Ricordati, rispettale, seguilo, dacci, dillo, condividi, caricali, invia, Falli, digli, non metterle, Non fare, non costringerci

4 fanno i complimenti, colpo di fulmine, aveva una cotta, storia d'amore, ruga, coppia, anziano, si tingevano, diavoleria, è spuntata

5 **Sì: b., d., f.**

Esercizi Unità 7

1 arte, visitatori, i musei, opere d'arte, visitatore, quadro, visite, cacce al tesoro, città turistiche, gioco, artigiani, presepe, artigianato tipico

2 **a.** *Guardi,* Faccia, non si dimentichi, vada; **b.** visiti, non si perda, prenoti

3 *2.*, Vai/Va', **5.**, Trova, guardati, **1.**, ti preoccupare/preoccuparti, mi ripetere/ripetermi, prenditi, di', **4.**, cerca, ti lamentare/lamentarti, **3.**

4 1. *non può bere*; **2.** può sognare **di** essere; **5.** odiano fare; **6.** non vogliono andare

5 **a.** lentamente; **b.** velocemente; **c.** *immediatamente*; **d.** singolarmente; **e.** Finalmente; **f.** Normalmente

6 *Volo Venezia-San Francisco,* **prenoti** ora un volo a un prezzo imbattibile!
Ha voglia di scoprire questa splendida città? Allora non **perda** tempo e **prenoti** oggi stesso il **Suo** volo da Venezia a San Francisco, approfittando delle straordinarie offerte Lufthansa! **Si goda** un panorama mozzafiato dal Golden Gate Bridge, il ponte simbolo di San Francisco! **Si rilassi** poi nel verde del Golden Gate Park, parco tra i più belli e più grandi del mondo. E visto che **c'è**, **faccia** anche una visita al Molo 39, dove **troverà** un simpatico gruppo di leoni marini! **Si goda** la sua vacanza a San Francisco e **acquisti** ora il **Suo** volo Lufthansa! Oltre ai voli per San Francisco Lufthansa effettua voli per tantissime altre destinazioni in tutto il mondo. **Controlli** le nostre tariffe convenienti e **decida** la **Sua** prossima meta!

7 *Senz'altro/Senta,* secondo Lei/mi dica, Grazie mille/per esempio, Comunque/certamente, Arrivederci/un'ultima cosa

8 **a.** plastica; **b.** cuoio; **c.** vetro; **d.** ceramica; **e.** ferro; **f.** *legno*

9 1./vero; **2.**/vero; **3.**/vero; **4.**/falso; **5.**/falso; **6.**/vero; **7.**/falso

Esercizi Unità 8

1

2 la, ne, ne, lo, ne, li, li, ne, la, la

3 **a.** *Paolino ha 20 caramelle, la mamma gli dice: "**Danne** 3 al tuo fratellino". Quante **ne** rimangono a Paolino? 17.;* **b.** *La mamma di Paolino gli dice: "Paolino, non c'è più pane in casa, ne compri un chilo al forno?". Paolino va dal fornaio e chiede: "Vorrei un chilo di pane". Il negoziante risponde: "Mi dispiace Paolino, **ne** ho solo sette etti". Paolino risponde: "Vanno bene anche sette etti, grazie". Sulla strada di casa Paolino ha fame e prende un panino e **ne** mangia metà. Poi vicino a casa incontra un amico che gli dice: "Ciao Paolino,* che bel pane che hai! Ho fame, **ne** posso avere/posso **averne** un po' per favore?". Paolino dà all'amico un panino. Se ogni panino pesa 50 grammi, quanti grammi di pane Paolino porta alla mamma? 625 gr.; **c.** La mamma di Paolino ha fatto una torta: Paolino sente il profumo, arriva in cucina e dice: "Mamma hai fatto la torta! **Ne** posso mangiare/Posso **mangiarne** subito una fetta?". La mamma ovviamente risponde: "Certo Paolino, ma prima **ne** porti una (fetta) a tuo padre." Paolino allora **ne** porta subito una (fetta) al papà che sta guardando la TV, poi torna in cucina e **ne** mangia una (fetta). Quando ha finito chiede: "Mamma, **ne** posso mangiare/posso **mangiarne** un'altra (fetta)?". La mamma risponde: "No, Paolino, è meglio che **ne** lasci un po' per tua sorella". Se la torta pesa un chilo e ogni fetta pesa 100 grammi quanta torta rimane? 880 g

4   **a.** *Ne ho comprate tre*; **b.** Ne ho mangiat**i** quattro.; **c.** Ne ho bevut**a** tanta.; **d.** Ne ho riscaldat**o** un litro.; **e.** Ne ho sbattut**e** sei.; **f.** Ne ho potut**o** comprare abbastanza.; **i.** Ne ho potut**e** vendere dodici.; **l.** Volevo comprarne dieci, ma poi ne ho comprat**i** solo cinque.

5   **a./1.** *Il **raffreddore** è il più diffuso tra i disturbi invernali.*; **b./6.** Il **mal di stomaco** è il disturbo più comune.; **c./.5** Il **mal di testa** è il disturbo peggiore.; **d./2.** La **febbre** è la maggiore causa di assenze degli studenti.; **e./4.** La carie è la maggiore causa del **mal di denti**.; **f./3.** Il latte caldo e il miele sono le migliori cure per il **mal di gola**.

6   *molto nutriente/nutrientissima*, molto sana/sanissima, *economicissimi/molto economici*, leggerissimo/ molto leggero, molto appetitoso/appetitosissimo, grassissimo/molto grasso, dannose/dannosissime, molto ricco/ricchissimo

7   *la merenda migliore*, la più sana, più genuina delle, sanissima/molto sana, la soluzione più sbrigativa, la cosa più pratica, le peggiori/ le più cattive

8   *2*, 6, 1, 4, 5, 7, 3

9   **1.** mezzo litro di succo di frutta; **2.** un etto e mezzo di spaghetti; **3.** *un chilo di arance*; **4.** mezzo chilo di zucchero; **5.** due etti di salumi; **6.** duecento grammi di biscotti; **7.** due litri di latte; **8.** cinquanta grammi di pomodori

Fonetica 4

1.a   **1.** frase affermativa, frase interrogativa; **2.** frase affermativa, frase interrogativa; **3.** frase interrogativa, frase affermativa; **4.** frase interrogativa, frase affermativa; **5.** frase affermativa, frase interrogativa; **6.** frase affermativa, frase interrogativa

2   **1**
   ◐ Marta, la finestra**?**
   ◉ Non si apre da ieri**...**
   ◐ Non è possibile**!**
   ◉ Si è rotta**.**
   2
   ◐ Marta, la finestra**!**
   ◉ Ora la chiudo**.**
   ◐ Ma stai cucinando**?**
   ◉ Sì, ho aperto io**...**

Test Unità 7 e 8

1   ne, (mettete)lo, lo, lo, lo, (lasciando)ne, li, ne, le, (usate)le, (condite)la, servite(la)

2   **1./d.**; **2./f.**; **3./c.**; **4./e.**; **5./g.**; **6./h.**; **7./b.**; **8./a.**

3   legga, Inizi, vada, si goda, prenda, cammini, ammiri, si dimentichi, Faccia, respiri

4   **1./b.** migliore; **2./a.** utilissime; **3./d.** meno indicati; **4./e.** importantissima; **5./c.** peggiori, caldissime

5   ◐ **Uomo:** Oh, *con* mia moglie pensavamo *di* partire dal 20 al 27 dicembre.
   ◉ **Donna:** Benissimo. Allora, Lei si troverà in un periodo molto ricco a Napoli. Ehm... **Allora**, Le posso consigliare, eh... **di** andare il 24 dicembre a, eh... ad una mostra **che** si intitola "Visite ai presepi napoletani"...
   ◐ **Uomo:** Oh, interessante! Ho sentito **che** è una tradizione di Napoli...
   ◉ **Donna:** Certamente. Eh... Napoli ha una tradizione antichissima **per** quanto **riguarda** il presepio. Ehm, vada...
   ◐ **Uomo: Ma** hanno qualcosa **di** particolare?
   ◉ **Donna:** Certamente, Le posso dire che ci sono **degli** artigiani che, ehm... si sono tramandati **da** padre in figlio, **appunto,** la tradizione di costruire il presepe.

Bilancio Unità 7 e 8

Come... ti comporti al ristorante? Le risposte sono soggettive; risposte suggerite (non obbligatorie): **1./b.**; **2./c.**; **3./b.**; **4./b.**; **5./a.**; **6./b.** (la risposta del punto 6 è l'unica possibile)

Esercizi Unità 9

1   *si chiamava*, ha fatto, Ha vissuto, ha raccontato, eravamo, eravamo, ho rivisto, sembrava, ho visto, si fermavano, erano, era, sono andato, abitavo, abitavano, c'erano, era, c'erano, andavamo, si tornava

2   *1. mi sono svegliata, erano → e.* Mi sono alzata, avevo → **2.** mi facevo, ha chiamato → **a.** ho detto, avevo → **3.** ha risposto, avevo → **d.** pioveva, ho preso → **4.** sono arrivata, c'era → **c.** mi sono arrabbiata, aveva → **5.** sono tornata, erano → **b.** Volevo, mi sono addormentata

3   È successo, ha proposto, mi sono presentato, ero, ha richiamato, abbiamo costruito, hai capito, ha richiamato, ha detto, ti sei trovato, Ero, ho recitato, ero, mi sono ambientato, ha detto, ho cercato, Ho lasciato, È stato, avevo

4   gliele, le, Glielo, mi, le, gliela, Gli, glielo, te lo, te l'

5   *Me: a me (Filomena),* **lo:** *un film;* **Te:** tu (Maria), **lo:** Pino; **se:** lui (Pino), **l':** il film; (**glielo**) **gli:** a lei (alla madre), **lo:** questo (che non vuole più studiare); (metter**celo**) **ce:** a noi, **lo:** Bruno; (**glielo**) **gli:** a lui, **lo:** questo (che Bruno è il padre di Luca); (confessar**gliela**) **gli:** a lui, **la:** la verità; **te:** a te, **la:** la fine; **te:** a te, **lo:** il film; **ve:** voi (Tu e Silvia), **le:** le avventure

6   **1.** Sì, gliel'ho detto!; **2.** Sì, me lo sono appuntato.; **3.** Sì, gliel'ho data.; **4.** Sì, se le è prese.; **5.** Sì, me li ha preparati.; **6.** Sì, me l'hai dato.; **7.** Sì, te li ha mandati.; **8.** Sì, me lo possono dare.; **9.** Sì, te l'ho dato.; **10.** Sì, me l'hai detto.

7   molte, molti, poche, molto, poco, molto, poco, molto

8   **1.** *Dato che sono stanco, vado a letto.*; **2.** Dato che ho mangiato troppo, ho mal di pancia.; **3.** Dato che vado sempre in bici, sono molto in forma.; **4.** Dato che ho vinto alla lotteria, mi compro una nuova casa.; **5.** Dato che ho speso troppo questo mese, non posso comprare niente.

9   4, *1*, 5, 6, 2, 3; **1.**/*b.*; **2.**/**b.**; **3.**/**a.**; **4.**/**b.**; **5.**/**b.**

Esercizi Unità 10

1   Vorreste, piacerebbe, Avreste, spieghereste, sarebbe, dovrebbero, sembrerebbero, aiuterebbe, riusciremmo, potrebbe

2   *piacerei/piacerebbe,* potrebbe/potrei, consiglierete/ consigliereste, sarebbero/sarebbe, avrebbe/avrei, potremo/potremmo

3   **1.** *Andrei/e.*; **2.** passeggerebbe/**a.**; **3.** vorrebbero/**b.**; **4.** dovreste/**h.**; **5.** ti comporteresti/**d.**; **6.** Faresti/**f.**; **7.** verremmo/**c.**; **8.** piacerebbe/**g.**; **9.** potrebbe/**l.**; **10.** sarebbe/**i.**

4   **1.** Sta tirando a lucido; **2.** settore; **3.** malinteso; **4.** in alta uniforme; **5.** illustre; **6.** primo cittadino; **7.** bensì; **8.** aziende

5   **Frasi sbagliate: 1.**/*Qualcun**o** mi ha detto che ha visto gli UFO.*; **4.**/**Non** ho sentito nessun concerto;

6./In questa stanza **non** c'è nessuno.; **8.**/Non ho visto **nessun/alcun** UFO.

6   alcun/nessun, alcuni, nessuno, qualche, alcune, alcun/ nessun, alcun/nessun, Qualcuno

7   **1.** *adesso*; **2.** alieni; **3.** venuta; **4.** popolazione locale; **5.** ha diramato; **6.** nota ufficiale; **7.** afferma; **8.** secretati

8   *poi,* già, adesso, Ma, Ma, ma, in realtà, quindi

9   **1. fin ad ora** *al posto di* **stamattina**; **2. primo cittadino** al posto di **sultano**; **3. colloquio** al posto di **equivoco**; **4. nome** al posto di **posto di lavoro**; **5. visita** al posto di **tirati a lucido**

Fonetica 5

1.a   **1. a.**/*ha curato,* **b.**/*accurato*; **2. a.**/a fare, **b.**/affare; **3. a.**/ha fatto, **b.**/affatto; **4. a.**/a proprio, **b.**/approprio; **5. a.**/Ho pure, **b.**/oppure; **6. a.**/appresto, **b.**/a presto; **7. a.**/avvolte, **b.**/a volte

1.b   **1.** Preparate il testo **a c**oppie.; **2.** Prosegui **e v**ai agli Uffizi.; **3.** Il primo giorno abbiamo dormito **a F**irenze.; **4.** Finiamo gli esercizi **e p**oi andiamo.; **5.** Questo non **è m**ai successo.; **6. E f**a **p**arte della campagna anche questo sito.; **7.** L'aspettiamo **a N**apoli.; **8.** Sono indecisa fr**a V**enezia **o R**oma.

2   **1.** Dovremmo; **2.** Potremmo; **3.** Gireremo; **4.** Vorremmo; **5.** verremo; **6.** Saremo; **7.** andremo; **8.** accompagneremo

Test Unità 9 e 10

1   ero, *ho deciso,* Sono stata, ho visto, ha vinto, aveva, riempiva, avevano, vivevano, faceva, stava, ha lasciato, stava, Sono rimasta, erano, c'era, sono andata, ha ricordato, era, ha dimostrato, ha raccontato

2   vorrei, potrei, potrebbero, vorrei, sarebbe, piacerebbe, non ci sarebbero, non potremmo, non avrebbe, dovremmo

3   **1. te li** metto nello zaino; **2.** e **ve li** metto nell'armadio; **3.** e **gliela** spedisco; **4.** e **me le** metto subito; **5.** e **glielo** riparo

4   perché, Dopo, quindi, poi, ma, Insomma, già, adesso

5   **1.** nessuna; **2.** qualcuno; **3.** alcun; **4.** Qualcuno; **5.** nessuna

6   *anche questo sito,* personaggi del, quella di vedere, per i boschi, prima dell'arrivo, che in realtà, incapace di provare, gli cambierà la